はやく六十歳になりなさい

後悔しないラストチャンスの生かし方

西田文郎
Fumio Nishida

現代書林

六十代に近づくほど、
だんだん可能性が大きくなる――。
こう考えると、
なんだかワクワクしてきませんか？

まえがき——はやく六十歳になりなさい

私は六十歳になったとき、講演会やセミナーで「ついに六十歳になりました。今、最高にワクワクしています」とお話ししました。

なぜ六十歳になってワクワクしているのか、西田がまたおかしなことを言っていると思われた人もいらっしゃったようです。

ですが、脳の機能について長年研究を重ねてきた私から申し上げると、六十代というのは、人生で最も豊かで可能性に満ちた年代なのです。やっと、自由な生き方ができる年齢になれたのですから、ワクワクしないはずがありません。

「可能性＝若さ」と思われている人もいるかもしれません。

ですが、六十代には、若者にはない経験と知恵があります。人脈があり、お金も二十代よりは持っているでしょう。また、さまざまなことを豊かに感じ取る心が備わっています。自分の考えを発言しても、「この若造が！」などと言われることもほぼ、なくなります。

それだけ大きな可能性があるということなのです。

六十代に近づくほど、だんだん可能性が大きくなる。

こう考えただけで、なんだかワクワクしてきませんか？

誰の人生にも、何度か大きなチャンスがあります。それをものにできる人と、ものにできない人がいます。

実は、六十代は誰にでも訪れる人生最大のチャンスです。この本でお話しするように、人生のピークは六十代にあります。六十代こそ私たちの腕の見せどころであり、がんばりどころであり、人生一番のハイライトなのです。

六十代は、競争から解放されます。そして、哲学的な考え方ができるようになります。ですから、心が純粋になり自己実現に向かいやすいのです。

むしろ二十代～五十代は、そのための準備期間だったとさえ言えます。

つまり、二十代～五十代までに蓄えた経験と知恵のすべてを使って、六十代からは誰にも支配されず自由に生きる。それが、六十代の特権なのです。

この特権を行使するか、見送ってしまうのか。幸せな六十代を送るのか、不幸せな六十代を送るのか。六十代を人生のピークにするのか、六十代を台無しにしてしまうのか。その決断は自分自身が握っています。

例えば、もし皆さんに「これまで長いこと、一生懸命働いてきた。定年になったらのんびりしたい」「もう悠々自適でいいんじゃないか」などという思いが、少しでもあるとしたら、どうか気をつけてください。

その「十分にがんばった感」「まあいいや」という思いが、何よりも危険なワナなのです。そう、私たちの心の中には、チャレンジしたり幸福になったりすることを邪魔するようなワナが、いくつも仕掛けられているのです。

皆さんにひとつ質問しましょう。

「あなたが六十代でやりたいことは何ですか?」


仕事でも遊びでも何でもかまいません。

以前から胸に秘めているもの、今頭に浮かんでくるものを、イメージしてみてください。

いくつでもかまいません。

お金の問題など、実現の障害となりそうなものは、とりあえず無視します。

すべての条件が整っているとしたら、あなたは六十代で、どんな自分を実現したいでしょうか。

目次

第1章

老いは錯覚である

第2章

人生の変わり目は六十歳にやってくる

第3章

六十歳になったら、もう反省はいらない

第4章

六十代には「強み」がある

第5章

死が近づくと見えてくる「本当の自分」

第6章

六十歳からのラストチャンスの生かし方

第1章

老いは錯覚である

六十代はどの年代よりも面白い。
あなたもはやく六十歳になったほうがいい。

1

何が六十代からをつまらなくしてしまうのか

皆さんにひとつ、質問をします。

「あなたは何歳に見られていると思いますか?」

この質問の答えから分かるのは、その人の「実感年齢(心理的年齢)」です。興味深いことに、十代、二十代の若者の実感年齢は、実年齢より上になるのに対して、六十代の実感のほうは、実年齢より若く答える傾向があります。

言い換えれば、自分を若いと錯覚しているということなのです。

年齢それ自体は、もちろん物理的な時間の経過です。いくら願望のバイアスがかかっても錯覚のしようがありません。

私たちが錯覚するのは年齢ではなく、年齢に付随する「若さ」あるいは「老い」の感覚なのです。

「若さ」も「老い」も、しょせん相対的なものです。私たちは自分でも知らないうちに他人と比べたり、自分の昔と比べたりして、「まだ若い」とか「もう老いた」という気分になっています。「いや、あの人よりは私のほうが若く見える」「シワが増えた、白髪が増えた」などと一喜一憂しているわけです。

つまりは、錯覚しているのです。そして、はっきり申し上げると、**この錯覚が「心理的若さ」と「心理的老い」を決めています。**

もし今の錯覚年齢を、十歳若返らせることができたらどうでしょう。ものの感じ方や考え方、行動の仕方も若返るに違いありません。

実はそれこそ、この本の狙いのひとつなのです。

六十代からの生き方がどうなるか——自由にワクワクと生きるのか、それとも退屈でつまらない生き方をするか、それは「心理的年齢」によるところが非常に大きいのです。

- もう、この年で始めるのは面倒だ
- もう、のんびり暮らしたい
- もう、その気力がわかない

・もう、チャレンジするような元気がない
・もう、おしゃれするような年ではない
・もう、モテるわけがない

もし、「もう、〇〇だから」というマイナス言葉を頻繁に口にしているとしたら要注意です。

「もう、年だ」「もう、しんどい」「もう、モテない」「もう、いいや」――。その口グセが、人をどんどん老化させていきます。これを私は **「〝もう年だ〟の法則」** と言っています。

朝昼晩と一日三回唱えると、一年で一〇九五回も唱えることになります。これだけ唱えれば、脳に老化が強化され、イヤでも老化が実現されてしまうことは、私の著作をお読みいただいている読者の皆さんでしたら、よくお分かりでしょう。

「もう、〇〇だから」を口にするごとに、私たちの想像力は萎縮し、夢や願望が描けなくなります。

「もう年だ」「もう気力がない」「もうムリだ」と思っている人に、何を言っても無意味です。「まだまだやれる」「大きな可能性がある」といくら説いても、「よし！　やろう」というエネルギーがわいてきません。

この「〝もう年だ〟の法則」は自分だけでなく、自分の周りの人にも影響を及ぼすのでさらなる注意が必要です。

アラウンド六十歳で新しい挑戦をする人たちはたくさんいます。

江戸後期の有名な測量家である伊能忠敬《いのうただたか》は、当時としては驚嘆すべき精密な日本地図を初めて実測で作ったことで知られています。

測量に着手したのが、その時代には高齢といってよい五十五歳でした。それから七十一歳まで十回にわたり測量を行ったそうです。

伊能忠敬が現代でも人気があるのには、理由があります。

当時の一般人ならご隠居さんになってのんびり暮らしていてもおかしくない五十五歳という年から、日本国中を歩いて回り、日本地図の製作という大事業に取りかかったことが私たちを感動させるのです。残りの人生をそれに捧げた生き方が、カッコいいと思えるのです。

ケンタッキーフライドチキンの創業者、カーネル・サンダースがフランチャイズビジネスに挑戦したのは六十五歳でした。これが大成功して七十三歳のときにチェーン店は六〇〇を超えました。

「人を幸せにすることに引退はない」。カーネルはこう語って、九十歳で生涯を閉じるまで現役を貫き通したそうです。

老いも若さもしょせんは錯覚。

だとすれば、「もう〇〇歳だから」と十歳老ける錯覚をするより、「まだ〇〇歳だから」と十歳若くなる錯覚をしたほうがいいのです。

2

幸せも不幸せも自分の脳が決めている

人間の脳はスーパーコンピューターのようなものです。過去のデータを瞬時に集め、意識的あるいは無意識に判断を下しています。私たちの感情、思い、思考、行動というのは、すべて脳にインプットされた過去の記憶をベースにして導き出されているものなのです。

ビジネスで常に成功を収めてきた人の脳には、数々の成功体験がインプットされています。スポーツの分野で勝ち続けている人の脳にインプットされているのは、「勝利」のデータです。

自信のない人には自信のないデータがインプットされており、自信がある人には強気のデータがインプットされています。この記憶データによって、まるで条件反射のように人は行動してしまうのです。

あなたはプラス思考ですか？　行動力抜群ですか？　何回失敗してもあきらめずに目標を達成する人ですか？　あなたは「人生はこれからだ」と思っていますか？

多くの人は、自分の人生は、自分の意志で判断し、自分で選択し、自分でコントロールしていると思い込んでいます。

数々の苦楽の経験から多くを学び、確かな判断能力を得て、人生を変えるような大きな岐路ではその時々で後悔しない選択をし、自らの人生は自らがつくり上げてきたと信じて疑わない人が実に多いのです。

しかし、本当にそうでしょうか。

多くの男性は結婚するとき、「すてきな妻と結婚できて幸せだ！」と思ったはずです。しかし、年月を積み重ねるうちに「とんでもない女と結婚してしまった」と後悔する男性も出てきてしまいます。可憐《かれん》で美しいカナリアだと思った女性が、文句ばかり言うガナリアに見えてしまうのです。新婚のときには、仕事が終わると飛ぶように家に帰っていた夫が、年月を積み重ねるうちに何かと理由をつけては遅く帰宅するようになるわけです。

ところが、なかには「良い妻と結婚できた自分は幸せ者だ」と思い続けられる奇特な男性もいます。実は、「良い妻と結婚した。幸せだなあ」と思うのも「とんだ妻と結婚した。失敗した！」と思うのも、どちらも錯覚です。

すべては自分の受け取り方次第です。

私の帰宅が遅くなると、妻が怖い顔をして待っています。そのとき、「帰ったら恐ろしい妻が待っている……」と思うと悪い錯覚が起こります。

しかし、「自分を待っていてくれる人がいることは幸せだ。叱られるのだって、自分を誰よりも心配してくれている証拠なのだ」と思えば良い錯覚が訪れます。

まさか、すべてが「脳の錯覚」による判断で、「脳の錯覚」による選択で、今の自分は「脳の錯覚」によってつくり上げられたものだとは、誰も思わないのです。

けれど、この脳の機能を知れば、自分で自分をコントロールすることができます。どうせなら**良い錯覚が起こるように、物事の受け取り方を変えていけばいい**のです。

どう錯覚するかで、幸せになるか、不幸せになるかが決まります。

年齢にかかわらず、「今が最高だ」と錯覚できるかどうか。言い換えれば、「今が最高」というアプリケーションがアクティブになっているかどうかで、生き方の質が変わっていくのです。

六十歳からを人生のピークにできるか、それとも六十歳からを台無しにしてしまうのか。この重要なテーマも、自分の脳が決めているのです。

3

シニア化現象には気をつけろ

仮にあなたがまだ四十歳くらいだったら、次に挙げるような六十代のイメージを持っているかもしれません。

- 六十代は年寄りだ
- 六十代は人生に疲れている
- 六十代はパッとしない
- 六十代はしょぼくれている
- 六十代は暇を持て余している
- 六十代からの人生は先細り

もしそんな六十代のイメージを持っているなら、用心してください。

なぜなら**私たちの脳は、自分が抱いたイメージを実現しようと全力で働くようにできている**からです。

イメージは、脳の中につくられたバーチャルに過ぎません。

「年寄り」も、「人生に疲れている」も、あるいは「パッとしない」「しょぼくれている」……、それらはすべて脳の中に蓄積された、多くのデータから導き出されたあなたの仮説であり、錯覚なのです。

もちろん、人によっては、別の錯覚もあります。

・六十代はまだまだいける
・六十代はモテる
・六十代は活動的である
・六十代は幸せである
・六十代は尊敬されている
・六十代からの人生はワンダーに満ちている

脳の機能の恐ろしいところは、脳に生まれたイメージが、望むものであろうとなかろうと、それを実現しようと働きだすことなのです。

脳はイメージを実現するために全力で働き、全身はその指示によって動きます。

つまり、脳が何をイメージするかによって、人間の行動が変わってきます。この脳の機能を利用して行っているのが、トップアスリートのイメージトレーニングです。

あなたが持っている「六十代のイメージ」。それもあなたの脳は全力で実現しようと働きます。

ですから、あなたの脳が「六十歳＝シニア」とイメージしているのだとしたら、ものの見事に現実化する公算が高いのです。いや、間違いなくそうなるでしょう。

あなたの「六十代のイメージ」は、あなたが実際に六十代になったとき、「こうありたい」と思えるようなイメージでしょうか。

4

十歳若返るのは、あきれるほど簡単だ

脳科学的におすすめできる若返り法を紹介しましょう。この方法はアンチエイジングの美容術などと異なり、お金も手間もかかりません。あきれるほど簡単な方法です。「もう若くない」「もう年だ」「もう○○歳だ」——そんな**「もう、○○だ」という思いが浮かんできたら、ただちに打ち消し、言い換える**のです。

「いや、まだ○○歳じゃないか」「いや、勝負はこれからだ」「いや、この年だから人生を楽しめるのだ」……。

たったこれだけです。

「まさか！　そんな子どもだましのような方法が役立つものか」と思った人がいるとすれば、脳の仕組みを知らない人です。

自分が口にする言葉には、私たちの脳の状態、つまり心の状態が表れています。

皆さんは普段、どのような言葉を口にしていますか。

年寄りワードが多いでしょうか、それともエネルギーに満ちた若々しい言葉を使っていますか。

⊙「年寄り脳」は「年寄り言葉」が多い

もう、はあ〜、疲れた、いやだなぁ、調子悪い、めんどくさい、困った、つまらない、ダメかも、どうしよう、どうせ、よっこいしょ

⊙「若い脳」は「若い言葉」が多い

よし、いいね、やるぞ、絶好調だ、最高だ、ステキ、面白い、楽しい、気分いい、カッコいい、きれい、できるぞ

年寄りがグチっぽいのではありません。グチっぽい人ほど老化が進みやすいのです。

ですから、若者でも「はぁ〜」「疲れたあ」などの年寄り言葉ばかりを口にする若年寄りみたいな人もいます。高齢でも「いいぞ」「ステキ」「ありがとう」など感謝と感動の言葉にあふれ、今を大切に燃えている人もいます。

私たちの脳は、蓄積された記憶データに基づいて物事を判断します。頭の中に浮かんだ言葉、口で発した言葉も、すべて脳に上書きされ蓄積されていきます。

「もう年だ」と思ったら、それがたちまち脳の記憶データになる。記憶のデータベースとなって、あなたの感じ方や考え方を左右するようになるのです。老化促進の人工知能をこしらえているようなものです。人間の脳は、恐ろしいほど優秀なのです。

老いた心を建て直すのは至難のワザですが、脳の機能を利用すれば簡単です。

人間の脳は自分が抱いたイメージを実現しようとするとお話ししました。ですから、ウソでもいいので、若々しい言葉を使うのです。**元気になれる言葉、幸せになれる言葉、自由な気持ちになれる言葉で脳をチェンジする**のです。

そんなバカな！とおっしゃる人がいるかもしれません。しかし、言葉の使い方ひとつで、人は老化したり、若返ったりしていくのです。

脳が変われば、心も自然と変わります。
心が変われば、行動が変わります。
行動が変われば、人間関係も変わります。
人間関係が変われば、人生が変わります。

この原稿を書いているとき、演出家の蜷川幸雄《にながわゆきお》さんが亡くなりました。享年八十歳でした。小劇場で演出家デビューしてから、その活動の場を大劇場へと移し、国内外の近代劇からシェイクスピア、ギリシャ悲劇など幅広い作品を次々と世に送り出してきた日本を代表する演出家の一人です。

役者へのスパルタ指導でも有名でしたが、二〇〇六年には、彩の国さいたま芸術劇場で五十五才以上の演劇集団「さいたまゴールド・シアター」を創設するなど、他の誰もなしえないようなことに挑戦されていました。

闘病で酸素吸入器をつけながらも「稽古は全開でバンバンやっている」とアグレッシブな言葉で怪気炎を飛ばす蜷川さんの姿をテレビで見ました。蜷川幸雄さんは、実年齢は八十歳だったかもしれませんが、決して隠居ジジイではありませんでした。心が充実していることは、その言葉からも伝わってきました。常に今を生きるカッコいい八十歳でした。

脳に老化データ（もう年だ、しんどい、面倒だ）をため込むより、若返りデータ（まだまだ若い、面白そうだ、いけそうだ、これからが本番だ）をより多く蓄えれば、物事に対する感じ方や考え方も自然と変わります。過去を見るのではなく、未来が見えるようになります。きっと、新しい挑戦をしてみたくなるはずです。

もし、新しいことに挑戦する気持ちになれないのだとしたら、自己防衛本能が優位になっているのかもしれません。

脳は自分に都合よく物事を受け止めようとします。そのために、「過去に囚《とら》われる」ことが多いのです。

過去に囚われていると、行動力がなくなり、チャレンジ精神も希薄になります。そのような人はいつでも「ああでもない」「こうでもない」と自分に都合のよい評論家になっているものです。

あなたは普段、どのような言葉を口にしていますか。家族にはどのような言葉を使っていますか。友人や知人にはどのような言葉で語っていますか。

5

感動を忘れたとき、人は惰性で生きる

人間の命には限界があります。ですから、加齢による肉体の衰えは、私たちが直面しなければならない現実です。

年をとると、体力や記憶力が衰えるのは仕方ありません。レジでお釣りの計算に手間取ったり、人の名前がすぐに思い浮かばないことなどもあるでしょう。けれど、それを人としての能力の劣化と思ってはいけません。年齢を重ねても変わらない大切なものがあります。

少し、脳の話をしましょう。人間の大脳には一四〇億から一六〇億個の神経細胞がびっしり詰まっているといわれています。この膨大な数の脳細胞は、その働き方によって、大きく二つに分類することができます。ひとつは**「流動型《りゅうどうがた》」**、もうひとつは**「結晶型《けっしょうがた》」**です。

「流動型」というのは、物事をじっくり考えるときに活動する脳細胞の働き方です。数学の問題を解くような、論理的な思考では「流動型」が使われます。相手の出方を考えながら集中して先を読むようなことも「流動型」です。ただし、流動型は二十歳を過ぎると衰えるといわれています。従って、いかに優れた頭脳の持ち主でも、論理的な思考は若いうちに鍛えておいたほうが良いわけです。

一方、「結晶型」のほうは論理的というより直感的です。私たちの脳は、物事を意識的に考えるだけでなく、無意識の判断も絶えず行っています。それが「結晶型」の働きです。知識や知恵、経験知や判断力などを使う能力です。

物事の受け止め方にはすべて、「結晶型」の判断が影響しています。もっと言えば、「結晶型」が判断材料にする過去の記憶データの性格によって、私たち個人の世界は成り立っているといっても過言ではありません。

人間はこの「結晶型」の働きを、一日におよそ七万回も使っているというのです。街を歩いていて異性を見ると、「好みのタイプ」とか「好みじゃない」などと、意識していないのに思ってしまうことはありませんか。それは、脳が勝手に記憶データを集めて、いつの間にか判断しているのです。

このような働きを、脳は無意識のうちに絶えず行っています。意識的に思考する前に、ものすごいスピードで判断しているのです。

私たちは、視覚、聴覚、嗅覚、味覚、触覚などを使って、驚くほど多くの情報を脳に入力しています。そして、日々の体験や感情、イメージやエピソードなどの膨大な記憶は、内容や種類によって脳の各部位に蓄えられていきます。それらを脳が分析し、答えを出すまでの時間は〇・五秒ほどといわれています。

人は情報をキャッチすると、大脳新皮質の右脳でイメージを構成します。同時に、大脳辺縁系に情報を送り、一・五センチのアーモンド形をした扁桃核で判断します。ここまでにかかる時間は、わずか〇・一秒といわれています。

大脳辺縁系を経由した情報は、大脳新皮質に伝わり合理的に分析して答えを出そうとしますが、この間が〇・四秒ほどといわれています。このように脳内の情報伝達はコンマ数秒のスピードで行われているのです。

私が妻の顔をひと目見ただけで、なぜ彼女の不機嫌さが分かるかというと、私の脳には妻が怒ったときの表情、目や口もと、ほっぺたの様子がインプットされているからです。妻の顔を視覚が捉えたその瞬間、結晶型が過去の記憶データを集めて、「機嫌が悪いぞ。気をつけろ」と判断しているのです。

このような**「結晶型」の働きは年齢とあまり関係なく、六十歳になっても七十歳に**

なっても発達するといわれています。

政治家や経営者には高齢の人が少なくありませんが、高齢でもリーダーとして活躍できるのは、今までの経験や体験が脳にインプットされていて、新しい問題が起こると、「結晶型」が過去の豊かなデータを集めて判断するからです。

ただし、「もう、〇〇だから」と「〝もう年だ〟の法則」でただ漫然と年齢を重ねているだけではいけません。ウキウキワクワクしながら、毎日を楽しむことで「結晶型」の働きは伸びていきます。

このように、**「流動型」は衰えても「結晶型」は衰えないのですから、六十代からは「結晶型」を生かせばいい**のです。つまり、直感や本能、経験というような力です。

そして、非常に重要なのは、この「結晶型」が、「流動型」よりも強力に私たちの思考を支配しているということなのです。「感じて答えを出す」感謝や愛も、結晶型の作業なのです。

六十歳を過ぎたら「結晶型」で勝負する。このことを、ぜひ覚えておいてください。

感動はエネルギー

第2章

人生の変わり目は六十歳にやってくる

人生のピークは六十代にある。
いよいよここからが人生の本番なのだ。

6

六十代の脳も進化する

人生百年という時代を迎えて、多くの人の心に混乱が生じています。これまでの人生計画ではうまく生きていけないのです。

日本人の寿命の延びについては、ここで解説するまでもないと思います。

最近の統計によると日本人の平均寿命は、男八十・七九歳、女八十七・〇五歳（平成二十七年）となっています。けれどわずか五十年ほど前、一九六五年（昭和四十年）のそれを見ると男は六十七・七四歳、女でもやっと七十二・九二歳でした。

まさに、世の中がすっかり変わりました。たった五十年で、日本人は男が十三年、女で十四年も長生きになっているのです。

しかも変わったのは、それだけではありません。

医学や衛生学、技術の進歩、何より栄養状態の飛躍的な改善によって、今では健康で、なおかつ若々しい六十代、七十代が当たり前になりました。

日本老年学会・日本老年医学会から「高齢者の定義と区分に関する提言」が発表され話題となっています。

「近年の高齢者の心身の健康に関する種々のデータを検討した結果、現在の高齢者においては10~20年前と比較して加齢に伴う身体的機能変化の出現が5~10年遅延しており、『若返り』現象がみられています。従来、高齢者とされてきた65歳以上の人でも、特に65~74歳の前期高齢者においては、心身の健康が保たれており、活発な社会活動が可能な人が大多数を占めています」

（「高齢者の定義と区分に関する、日本老年学会・日本老年医学会　高齢者に関する定義検討ワーキンググループからの提言（概要）」一般社団法人日本老年医学会ウェブサイト　https://www.jpn-geriat-soc.or.jp/proposal/pdf/definition_01.pdf）

医学的見地からも人間の若返りが言われているのです。

実際に、六十歳を過ぎても第一線で活躍している人はいくらでもいます。「社会人として引退」どころか、日本の経済や産業、文化を引っ張っているのは、むしろ六十代が中心であるといってもいいくらいです。

さらに、私たちの人生は、もうヒトという生物学的なメカニズムにはおさまりません。現代の人間は、急速な技術革新の真っただ中で生きているからです。

身近なところでいえば、スマートフォンやパソコン、そこに組み込まれたさまざまなソフトが、私たちの仕事の能力をいかに飛躍的に高めてくれたかということは、皆さんも経験的によくご存じかと思います。

生物学的に頭脳の優れた人より、スマホやパソコンに精通している人のほうが、はるかに活躍できてしまうのが現代なのです。

記憶力でいえば、コンピューターやインターネット、デジタル保存されたデータなどが、あなたの能力を何十倍、また何百倍にもパワーアップしてくれます。さまざまな文明の利器が、人間のレベルを超えた力まで与えてくれるのです。

私が子どもの頃、戦後間もない時代は、電話機がある家庭のほうが珍しかったのです。それが今では、小さい子どもでも携帯電話を持っている時代です。その携帯電話も三十年前は誰一人として持っていなかったのです。

すでに故人となった私の友人は、今から三十年以上前に「人間の寿命を三百歳にする」と言いました。

当時、彼の言葉を信じる人はほとんどいませんでしたが、私は彼の言葉に「できる、できる」とエールを送りました。彼の言葉を「何、バカなこと言っているんだ」と言う人もいましたが、私は彼の言説は正しいと直感していました。最近ではこの友人の言葉がさらなるリアリティを伴って思い出されます。

今、多くの科学者や医学者たちが、今後数十年の間に人間の平均寿命は百五十歳くらいに延びるだろうと予測しています。多くの人が笑った友人の夢は実現可能な夢になったのです。

まだまだ平均寿命が百五十歳の時代ではありませんが、長寿の人生を生きられるようになった私たちは、非生物学的なさまざまなツールを利用することで、いくらでも能力を高められる世界に生きているのです。

私は「自分の電話番号さえ覚えられれば誰でも天才だ」と言ってきました。

脳はそれまで考えていなかったことを考え始めると、新しい脳になります。

人類は創成期から、農業革命、産業革命などのさまざまな変化により大きく変わってきました。十八世紀後半から始まった産業革命では、電気が誕生し、これによって地球では大きな変化が起こりました。

そしていま、私たちは情報革命という変化の時代の真っただ中に生きています。

現代の私たちの生活は、百年前の人々が想像した百年後の生活よりも、ずっと大きな変革を遂げているのではないでしょうか。

人類も人類の脳も加速しながら進化しています。

近年の著しい寿命の延びと若さの延長、そして情報革命によって、私たちには新しい人生のステージが与えられたのです。

7

生きるとは、新しい心のレベルへ進むこと

日本人の寿命が延び、長生きできるようになったことは喜ばしいのですが、まだまだ時間があると安心しているうちに、いつの間にか人生の大切な時間を失ってしまうものです。

五十歳、六十歳になって人生を振り返り、「こんなはずじゃなかったのに……」と思っている人が驚くほど多いのです。

人間の一生は十年ごとのスパンで考えることができます。脳の見地から見るとそれぞれの時期に課題があります。そして、いくつかのターニングポイント（転換点）がだいたい十年ごとにやってきます。このターニングポイントをうまく乗り切れないと、次の年代で「こんなはずじゃなかった」と後悔することになるのです。

誕生から十代後半頃までは人生の準備期です。二十代は人としての成長期、三十代は成熟期の前期、四十代はいろいろな経験を経て成熟に向かう絶頂期となります。五十代は成熟期の後期であり、人としてかなりのベテランになっています。六十歳以降は整理期となり、いよいよ第二の人生へのスタートとなるのです。

■人の一生と成長課題

①準備期　キーワード「感情脳」　〇～十歳頃

この時期は人間形成におけるいわば準備期です。この時期にある子どもはたっぷりと愛情を注いで育てることが大切です。たくさん愛情を注がれるほど、自分は周りに受け入れられている、他人に承認されているという安心感が生まれます。

その無意識の安心感が将来、肯定的な自己評価となり、前向きに自分の道を切り開いていくような、積極的な生き方の核になります。

②導入期　キーワード「理屈脳」　十～二十歳頃

十歳前後の時期は、まだ失敗の経験が少ないので、小さな子どもはみんな天才的に夢を持つことができます。

しかし、失敗を繰り返すうちにその記憶が蓄積されてきて、目標を持つことや、チャレンジすることに対する不快感情がだんだんとたまってきます。

普通の人間が、大人になるほど夢や目標を持てなくなるのは、このようにしてため込まれた「どうせ無理だ」「できないよ」「もっとラクに生きればいいじゃないか」というような記憶データが要因となっています。

③成長期　キーワード「がむしゃら」二十～三十歳頃

二十～二十三歳くらいになると、社会に出ていきます。ここから三十歳くらいまでが成長期です。社会に出るときには、理想を掲げて最善のイメージで「よし、これからがんばるぞ！」と皆思っています。

しかし、やがて理想と現実のギャップにぶちあたります。ここで伸び悩み現象（プラトー）がくるわけです。

このときに、良い先輩に出会えるか、どのような人と出会うかで、モチベーションが変わってきます。あきらめてちゃらんぽらんに生きてしまった人はそのまま落ち込んでしまい、一生を棒に振ってしまうこともあります。

④成熟期の前期　キーワード「自信」　三十～四十歳頃

この時期に、人生のターニングポイントがやってきます。社会ではそろそろ中堅と見なされ、私生活でも結婚して家庭ができたり子どもが生まれたり、大きな責任ができるときです。

成長期でがむしゃらにがんばってきた人は、必死に物事に打ち込んだことで、「自分ががんばれる人間だ」という自信がついていきます。後輩に良い先輩としていろいろなことを教えたり、勇気づけたりしていきます。

⑤成熟期の中期　キーワード「経験」　四十～五十歳頃

この時期は成長曲線におけるピークで、「働き盛り」といわれます。組織でも重要なポストに就くようになり、経験を積んできた人は大きく伸びる絶頂期です。また、人生を見直す時期でもあり、発想の転換が必要ともいえます。

⑥成熟期の後期　キーワード「品性」　五十～六十歳頃

この時期は、人間的な落ち着き、品性というものが出てくるときです。

この年代で品性がないと、尊敬されません。軽蔑されたり、嫌われたりすることになります。体力や視力がだんだん落ちてきて、記憶力とか学習能力も衰えてきます。思考力では若い人にはかなわなくなってきます。

「中年クライシス」というように、精神的に危機の時期でもあります。親が亡くなったり、大きな病気をしたりすることもあるでしょう。子どもが一人前になり巣立っていき、親としての役割もそろそろ終わりを迎えます。老いや死を自覚し始めるときでもあります。

優越に対する強い欲求をモチベーションとして生きてきた人たちも、このあたりで徐々に価値観の転換を迫られて、生き方や考え方が変わってきます。「世のため」とか「人のため」などと、それまでは口にしたこともない言葉を使いだすようになったりします。

このターニングポイントをうまく通過できないと、寂しく孤独になってしまいます。

⑦整理期　キーワード「哲学」　六十歳以降

六十歳を過ぎると人生の整理期に入ります。第二の人生へのスタートでもあります。年齢に相応《ふさわ》しい自分なりの価値観や人生観を確立し、今度は自分が若い世代の師となるべき年代です。

人として生まれた以上、必ず「死」という生のピリオドを迎えることになっています。死が切実な問題となり、それに直面しなければならないのがこの時期です。

これらを怠ると、老いること、また死ぬことが非常につらくなっていきます。

このように、人生をひとつの大きな流れで見ると、人生にも計画が必要だということが分かります。

それを私は**「人生の三計《さんけい》」**としてお話ししています。つまり、「生きる計画」「老いる計画」「死ぬ計画」の三つの計画です。

⊙人生の三計

生計《せいけい》＝どのように生きるかという計画

――二十代から四十歳頃までが生計前期／四十歳から六十歳頃までが生計後期

老計《ろうけい》＝どのように老いていくかという計画

――六十歳から七十歳頃まで

死計《しけい》＝どのように死んでいくかという計画

――七十歳以降

人生を俯瞰《ふかん》すると将来に対して何をすべきかが見えてきます。これまで、何をしてきたかが見えてきます。時間の流れを感じることにより、自分が歴史という大きな時間の中の存在であることも見えてきます。

若いときはどうやって生きるかという生計です。子どもがまだ小さかったり、家族を養うことで一生懸命ですから、自分のことを中心にした考えになります。

六十代になれば生きるという生計から、どうやって老いるかという老計になっていきます。

会社員の人たちは六十歳で定年ですから、五十〜五十五歳くらいになると、会社を辞めたあとはどうしようかと考えることでしょう。定年退職をするか再雇用を選ぶのか、その後のライフスタイルを真剣に考えることでしょう。老いていく計画、老計を立てるのです。

老計といっても老ける計画ではありません。

第1章で、老いも若さも錯覚だというお話をしました。人間には体の衰えはありますが、**心は衰え、老いるのではなく、変化していくもの**なのです。それまでの経験を糧に、階段のようにステージを上っていくイメージです。

若いときは生きていくため、家族のため、生活のためにお金を稼ぐことが必要です。しかし、六十歳以降になると、自分のことを中心とした考え方ではなくなります。どのように家族、地域、ご縁のあった人たちに良い影響を残せるかを自然と考えるようになるのです。

六十代になって、まだ小金稼ぎや自分のことばかりを考えているとしたら、年齢の重ね方が貧しいと言わざるを得ません。

六十歳からは、新しい心のレベルへと進んでいくのです。

六十歳は、次のステージに向かう人生における大きなターニングポイントなのです。

8

心が成熟するから
分かる
「人生の豊かさ」

世間には会社を退職してからも「第一の人生」のポストが忘れられず、上から目線で人に接したり、偉そうに振る舞ったりして嫌われる人も少なくありません。

特に大企業の管理職だったような人は、くれぐれも気をつけてください。会社員としての「第一の人生」と、会社員を卒業して、「個人」として生きていく「第二の人生」とを、はっきり区別しなければなりません。

今の自分にとって何が大事であるかが分かっている人間は、過去のポストとか地位とかメンツなどという、つまらないものにはこだわっていません。

もちろん六十歳になっても七十歳になっても、「成功」や「競争」をテーマにがんばる人もいます。

特に経営者とか政治家などは、その代表でしょう。

六十歳での引退を公言していたソフトバンクグループの代表取締役社長、孫正義《そんまさよし》さんが、六十歳を前に引退を撤回したように、なかなか「競争」を卒業できないのです。

ビジネスとは、いまさら私が言うまでもなく〝いかに利益を増やすか〟の競争です。

目標やノルマの達成競争、顧客の獲得競争、企業のシェア争奪戦、新商品の開発競争や販売競争、いろいろなコンペや入札、受注争いなどなど。経営戦略とか成長戦略、マーケティング戦略、また広告戦略やＩＴ戦略というように、ビジネス用語は軍事用語から派生しています。

このことから考えても、企業の経済活動とは「戦い」でもあります。競争に勝てば勝つほど、より豊かで、より快適な生活が手に入ります。周りの称賛や尊敬も集まってくる。大きな可能性に満ちた未来も約束されるでしょう。

それらの「報酬」を獲得するために、懸命に努力するのです。

「異性にモテる」も、若いときは最高の報酬でした。五十代、六十代になれば、「やさしい妻の笑顔」とか「両親の喜ぶ顔」も加わってくるでしょう。

人間が常に報酬を求めるのは、「報酬系《ほうしゅうけい》」といわれる脳の回路の作用です。

脳科学的に言えば報酬とは、「快感物質《かいかんぶっしつ》」ともいわれる脳内物質、ドーパミンがつくりだす快感や喜びのことです。それが得られそうだという期待が、私たちの脳を活性化し、さまざまな機能を驚くほど強化するのです。集中力とか忍耐力などもそうして発揮されるものです。

人間の脳のこの仕組みは、獲物（エサ）という報酬を得るために全力を尽くす獣たちの脳のメカニズムと、それほど大きな違いはありません。

ただ、学習能力の高い人間の脳は、獲物という直接的な対象だけでなく、さまざまな対象に喜びを感じるようになり、いつ頃からかそれを努力の報酬と見なすようになりました。

喜びを期待し、それを報酬として努力する。

ビジネスの本質も、脳のそんな仕組みにあります。

むろんビジネスマンに限ったことではありません。経営者もアスリートもアーティストも、みんな同じです。

成功とか優位という喜びを目指すこの「競争」こそ、第一の人生で、私たちが追いかけてきたテーマなのです。二十代、三十代、四十代、五十代とそのテーマをしっかり追いかけた人ほど、社会的にも人間的にも大きく成長できるのは確かです。

けれどその第一の人生の出口に立ち、人間としての成熟期を迎える頃、私たちの生きる価値観が大きく変わります。

私なりに言い表せばこうなります。

● 第一の人生のテーマ――「競争による豊かな生活」
● 第二の人生のテーマ――「自由で豊かな人生」

すなわち、哲学的なものの考え方になっている人たちは、「競争」「成功」「優位」などに価値を見出せなくなります。

「競争」や「戦い」よりも、「自分はこの人生で何をなすべきか」「何を成し遂げるのか」「何を残せるのか」などに大きな意味を感じるようになるのです。

なぜなら、心が成熟して感謝や利他の心が強くなっていくからです。

心の成長とともにやってくるその自然な成熟に、あまりふさわしいとはいえない場所に身を置かなければならないとすれば、メンタル的にハードなことです。

心が成熟すると、それまでとは違う自分自身の価値を創造しなければならないということです。心の成熟とともに、人生も成熟していくのです。

人生とは
豊かな心の
レベルへと進む道

9

六十代は競争から解放される

アメリカの心理学者アブラハム・マズローは、私たち人間の複雑極まりない欲求を五つの段階に分類しています

①生理的な欲求（空気、水、食物、睡眠などが十分に与えられること）
②安全への欲求（恐怖や不安から解放されること、快適であること）
③愛と帰属の欲求（愛されること、自分の居場所があること）
④自尊心の欲求（他人に認められること、尊敬されること）
⑤自己実現の欲求（自分らしく生きること、心が充実すること）

このように並んでいると、私たち人間は、成長とともにこれらの段階（ステージ）をひとつまたひとつと上ってきたことがわかります。

赤ん坊のときは、自分の命を維持するための生理的欲求が何より優先されます。もう少し大きくなると、今度は安全や快適さを求めるようになる。これが子ども時代であり、その場所として役目を果たすのが家庭です。

やがて学校へ通うようになると、今度は友だちや仲間を求めます。それが満たされないと孤独になり、社会的な不安を抱くようになります。「分離不安《ぶんりふあん》」に陥るのです。分離不安とはもともと母親と離れた子どもが抱く不安が原型になっていて、この不安がわいてくると、無意識のうちに恐怖におそわれ、自己防衛的になります。「〜しないように」という守りの態勢になるのです。マイナス思考やマイナスイメージ、マイナス感情がどんどん生み出され、チャレンジ精神とか積極性は消えてしまうのです。いじめが、いじめられた子の将来にかかわる大きな問題であるのも、この③の欲求が満たされず、そこから先へ進めなくなってしまうからです。マズローは、下位の欲求が満たされなければ、上位の欲求は正しく生まれないと言っています。

人間としての生活のベースとなるのは①〜③の段階の欲求です。私たちは、特に少年期にそれらを懸命に追い求め、同時にそれらを手に入れる術《すべ》を学びます。そのうえで④の段階の「承認されることへの欲求」が生じるのです。

もちろん学校の成績やクラブ活動での活躍も「承認欲求」と関係します。しかしその欲求が本格的になるのは、社会人となり、仕事を持ったときからでしょう。

仕事とは、生命を維持し（①）、良好な環境や経済的安定性を確保する（②）ものであると同時に、経済活動に参加することで会社やグループに所属し、自分を社会的存在（社会人）として位置づける（③）ものです。

さらに言えば、ただ社会人であるだけでは足りません。社会的に「承認されること」を求める（④）活動こそ、仕事であると言ってよいでしょう。

人よりも優れた存在として承認されたい。「すごい」「さすがだ」「うらやましい」「立派だ」とリスペクトされたい。財力や地位、権力、名誉、成功、優越などは、すべて承認を得るための道具であり、社会的に認知されることが自分に対して抱く自己重要感の具体的なしるしなのです。

この四段階はどれも、それを手に入れようとしたら他者との競争が必要です。③の段階の「所属と愛を求める社会的欲求」でさえ、それを手にするには、さまざまな競争を体験しなければなりません。配偶者を勝ち取ろうとするときも、企業への就職をつかみとろうとするときも、高いハードルがあり、それなりの競争があるのです。

つまり青年期や壮年期は、これらの欲求を満たそうとするライフステージであり、

「競争」がテーマとなるのです。

しかし、そのステージが終わり、次にくるのは、マズローが⑤の段階の欲求として挙げた「自己実現に対する欲求」です。その欲求を満たし、自分らしく創造的に生きる喜びを追求する、新しいステージです。

自己実現とは、「自分の内面的な欲求を社会で実現すること」。わかりやすく言えば、自分が本当にやりたいこと、本当に手に入れたいものにチャレンジすることです。

五十代くらいまでは、生活の安全や安定を確保するために、また社会的に

心を解き放とう

より優位なポジションを狙う競争に勝ち残るために、本当にやりたいことを我慢し、本当に手に入れたいものをあきらめてきたかもしれません。

あるいは、競争に夢中で本当にやりたいことが自分にもあることにさえ気づけなかったかもしれません。

しかし「会社」や「家」「競争」から解放されると、心の奥底に秘めてきたそれに気づくことができるのです。

10

六十代は背負った義務から自由になれる

六十代は多くの責任から解放される年代です。いうなれば、背負った重荷からやっと自由になることができる――。このことこそ、六十代の大きな特権のひとつです。

■「会社」から解放される

六十代で会社員が下ろす荷物は、何よりもまず「会社」でしょう。退職すると「会社」という大きな存在から解放されることになります。

もう満員電車で通勤しなくてもいい。ノルマに頭を悩ませなくてすむ。部下や上司にイライラすることも、腹を立てることももうありません。取引先のご機嫌をとったり、理不尽なクレームに頭を下げたりすることもない。またライバルに嫉妬《しっと》することもなくなります。

会社を辞めたら、もう組織のために行動する必要はありません。朝決まった時間に出勤したり、退屈な会議に出たり、上司に叱られたり、自己評価を気にする必要もない。自分が好きなことをしても、陰口をきくヤツもいない。個人的な願望や希望を、心の内に抑えておかなければ人間関係に支障をきたすなどということもありません。

「会社のために働く」という義務、責務から解放されるのです。組織の一員として、どんなに働きたくない日も出社して、つらい仕事もこなしてきた、その義務・責務から やっと自由になる日がくるのです。

しかし、同時にそれは会社が与えてくれる「目標」や「やりがい」を失う日でもあります。

会社という組織に属していれば、働く目標とかやりがいは考えなくても設定できました。自分の仕事を評価してくれる人も、成果が挙がると喜んでくれる人もいました。全体の中で果たす役目があるのです。

けれど退職と同時に、それらはすべてなくなります。

会社員でなくなったら、自分で自分の「役目」や「目標」「やりがい」「生きがい」をつくりだしていかなければなりません。

六十代からは、会社員時代にはできなかったこと、あるいは今まであきらめてきたことが、いくらでも自由にできるのです。生活のためではなく、夢のために生きられるのです。

「店を開きたい」
「長年の夢を追いかけたい」
「社会のために貢献したい」
「人の役に立つ仕事がしたい」

それまで思い描いていた夢や、やりたかったことに取り組める大チャンスなのです。趣味を仕事にすることもできるでしょう。気の合わない人と、無理に付き合う必要もありません。もう、通勤可能圏内に住む必要もありません。会社を辞めたら、自分で自分の未来を自由に選択できるのです。

これまで組織に目標を与えられ組織のために目標を達成してきた人たちは、組織から個人へと生き方をシフトする必要があります。

言い換えれば、**六十代からの第二の人生は、会社や組織のためでなく、一〇〇パーセント自分のために生きる生き方なのです。**

会社組織で働いている人も四十代半ばになると、境遇の変化が起こります。例えば、「出向を命じられた」「重要でないセクションに配属された」あるいは「第一線から外れ、若手のヘルプに回された」「給料が下がった」……。

そんなケースがだんだん増えてきます。

しかしそれを、出世競争からの「脱落」と考えるのではなく、自分に都合よく受け取ってしまえばいいのです。落ちこぼれたのではなく、出世競争から「解放された」のです。「自由になった」のです。「競争」から、あるいは「成功しなければ」「勝たなければ」「負けられない」というような強迫観念から、やっと自由になれたとも言えるのです。

「再雇用」「継続雇用」などの形で、六十五歳までの仕事をとりあえず確保する生き方を選択する人もいるでしょう。再雇用の仕事以外に、やりたいことが本当にないのか。それをせずに、一度だけの人生を終えてしまったら悔いが残らないか。生き方を選択するときがきたということなのです。

次の段階へ進む態勢が、出来上がりつつあるのです。

■「子育てのため」から解放される

自由に生きるには、重い荷物は少ないほうがいいに決まっています。

六十歳くらいになったら「会社」以外にも、下ろしたほうがいい荷物がいくつかあります。そのひとつが「家族」です。昔風に言うなら「女房、子どもを食わせる」という〝男の務め〟から、自由になるときがきたのです。

親が六十歳になる頃には、もう子どももたいていは立派な大人になっています。すでに経済的に自立しているか、間もなく独り立ちする時期でしょう。

もし、いい年をしてまだすねをかじっている息子や娘がいたら自立させるべきです。六十歳にもなる親に、まだ食わせてもらうなどとは、はなはだしい心得違いです。その子のためにも子離れしなければいけません。それ以上父親、母親をやっていてもロクな結果になりません。

「なんとか子どもを一人前にするまでは――」

そんな気持ちで皆さんは、懸命にがんばってきたと思います。上司に辞表を叩きつけてやろうと思ったことも、たぶん一度や二度ではなかったはずです。起業して、自分の力を試したいと望んでも、妻子の顔が浮かんできて二の足を踏んでしまった。そんなふうに我慢しながら、どうにか親の務めを無事に果たしたのです。そろそろ「親」の役目から、解き放たれていい頃です。

◘厚かましさと自由、そして品性

「厚かましさ」は「図々しさ」とも呼ばれる、一種の「たくましさ」です。人生経験を積み、腹もすわってきて、だんだん「怖いもの」がなくなる。それゆえの厚かましさであり、図々しさなのです。

六十歳を過ぎたら、ほとんど怖いものはなくなります。

私の場合で言えば、怖いのは妻だけです。大病した今は、死さえも怖いものでなく、なんだか身近にさえ思うようになりました。父も母も、私の尊敬する人生の師も、みんなそれを乗り越えていったのですから。

怖いものがないとは、いくらでも自由に大胆になれるということです。

若いときは妻や子といった守るべきものがありました。また、大事にしなければならない、遠い未来もありました。取り返しのつかない失敗をすることで、その未来を台無しにしてしまうことも怖かったはずです。

そのために将来をかけてチャレンジするとか、目の前にあるチャンスに飛び込んだりすることが、なかなかできなかったのも事実でしょう。思ったことを口にすることさえ我慢していたという人もいると思います。

守るべきものが少なくなるほど、怖いものはなくなります。

子どもが成人して自立すれば、仮に全財産を失くすような大失敗をしても、もう息子や娘が路頭に迷うこともない。もう何が起きたって慌てることはないのです。

怖いものがなくなるほど、人は本当にやりたいことができます。

もう誰に遠慮することもありません。心のブレーキを解き放ち、厚かましく、図々しく、自分のやりたいことを思い切りやればいいのです。

第3章

六十歳になったら、もう反省はいらない

世の中の常識に囚われて生きても面白くない。
間違った辛抱はやめて、もっと大胆に生きていい。

11

六十歳で燃え尽きる人、六十歳で夢を語る人

六十歳を過ぎると、二通りの人間に分かれていきます。**「燃え尽きている人」**と**「今が最高だという人」**です。

会社員であれば「退職金をもらって燃え尽きる」ような人がいます。会社では一目も二目も置かれていたようなやり手のビジネスマンが、何年もたたないうちに無気力な隠居ジジイに変わり果ててしまう。そんなケースが少なくないのです。

燃え尽きている人の脳からは、グチ、不満、言い訳が出ます。明確な目標がなく、漠然と毎日を過ごし、何もアイデアが浮かびません。できないことが当たり前で、将来のことはあきらめている停滞思考の人たちです。六十歳くらいになるとある程度のまとまったお金もあるでしょうから、「それほどがんばる必要はない」という現実に負けてしまうのです。六十代からを台無しにしてしまう、もったいない人たちです。

逆に、「今が最高！」だと思っている人たちがいます。

明確な目標があり、やりたいことが次々とひらめき、できることが当たり前で、将来のことばかりを考えている発展思考の人たちです。発展思考の人たちの脳からは、ヒラメキ、アイデア、ワクワクするような言葉や夢があふれ出てきます。

あなたがもし「今が最高！」と思えないとしたら、燃え尽きているか、体力と記憶力の衰えを、人間としての能力の低下と見なす錯覚を起こしているか、そのどちらかでしょう。

スポーツメンタルの分野では、「バーンアウト（燃え尽き症候群）」という心の状態が知られています。目標を達成したアスリートが、目的喪失の状態に陥り、練習に身が入らなくなる。急に、無気力になり、意欲ややる気を失ってしまうのです。一九七〇年代にアメリカの精神科医フロイデンバーガー博士が命名した心の病です。

仕事のために、がむしゃらにがんばってきた人が、仕事を辞めるとバーンアウトに陥ることがあります。やりたいことが何もない、何のためにやっているのかわからない、生きがいがないという人生最大の悩みにぶちあたるのです。

では、がんばった人たちみんながバーンアウトして燃え尽きるのかというと、そんなことはありません。楽しみや喜びがないままにがんばってきた人、生活のためにアクセク働いてきた人、会社人間で自分や大切な人たちを大事にしてこなかった人、「がんばらなくてはならない」「努力すべきだ」という義務感やマイナス感情で、自分を叱咤激励《しったげきれい》し続けてきた人たちがバーンアウトするのです。

達成感とは右脳がイメージする目標を実現した喜びです。喜びを感じると脳の快楽中枢からドーパミンが盛んに分泌されます。**人間の脳は大変な快楽主義者**ですから、その気持ちよさが欲しくて一生懸命働くのです。言ってみれば、喜び中毒です。

しかし、命令されたり義務感からいやいや行動していると、同じ成果を挙げても達成感がありません。喜びも少なくなりますから、がんばったって仕方がないと次第にチャレンジ精神がなくなっていきます。ですから、**達成感と喜びを味わうためにも目標を明確にイメージすることが大切**なのです。

バーンアウトした人たちはよく「心にぽっかり穴が開いたような状態」と言います。そうなったら、そこから脱出するには「新しい目標」「新しい夢」をつくるしかありません。

もうひとつのバーンアウトは多くの人の心に蔓延《まんえん》しているものです。実は、多くの人たちは軽く燃え尽きています。それらの人々の心理面を分析すると、現状に妥協して、「自分はよくがんばった」と思い込み、それ以上の夢や願望を描けず、軽く燃え尽きているのです。つまり、バーンアウトは満足からでも起こるのです。

満足のバーンアウト状態になると、ただなんとなく日常を送るようになりがちです。人は感動を忘れた瞬間、惰性で人生を生きるようになります。仕事に感動を忘れると惰性で仕事を行い、配偶者に感動を忘れると惰性で夫婦を続けるのです。

多くの六十代以上の人たちは軽く燃え尽きているように見えます。しかしそれは第1章でお話ししたように、年齢のせいではありません。

六十歳を過ぎても七十歳になっても、社会的に活躍するのに十分な「保有能力《ほゆうのうりょく》」があるのです。「保有能力」とはその人に蓄えられている能力です。もうひとつの能力が「発揮能力《はっきのうりょく》」で、ビジネスなどの成果や成績、スポーツでは本番で実力を発揮できる力のことです。「保有能力」は何かを成し遂げるときの源泉となるもので、言ってみればガソリンのようなものです。このガソリンを完全燃焼させれば、すごいパワーが生まれるのです。

そのことを象徴するような人物がいます。還暦を過ぎてから世界の最高峰エベレストに挑戦し、七十歳、七十五歳、八十歳と三度も登頂に成功した、プロスキーヤーにして冒険家の三浦雄一郎さんです。

三浦さんは、青森県出身の一九三二年（昭和七年）生まれです。父親の三浦敬三さんも有名な山岳スキーヤーでした。敬三さんの場合は、五十歳を過ぎて脱サラ。公務員からプロスキーヤーに転身し、七十歳でヒマラヤ、七十七歳でキリマンジャロ、さらに九十九歳でモンブランの氷河を滑り降りるなど、とんでもない冒険をやってのけた人物です。

三浦敬三・雄一郎さん親子は特別なのではないか。一種のスーパーマンであり、並みの人間とは比べられないだろう、と皆さんは思われるかもしれません。

たしかに三浦さん親子の抜群の身体能力や、一〇一歳の大往生だった敬三さんの長寿に見られるような強靱《きょうじん》さは、一種の遺伝的「才能」に違いありません。富士山を直滑降で滑り降りたり、世界の八〇〇〇メートル峰をスキーで下ったりする三浦さんの冒険も、並みの努力でできることとは違います。

けれどその根っこのところは、私たちと何も変わりません。面白そうだと感じること、それならひとつチャレンジしてみようかと思うこと。そんな心の動きが発端であるということは、皆さんの場合とまったく同じなのです。

例えば、三浦さんが南アメリカ大陸の最高峰アコンカグア山頂からのスキー滑降に成功したのは五十三歳のときでした。それによって、念願だった世界七大大陸の最高峰すべての滑降に成功しました。

「バンザイ！」「これでやっと成し遂げた」。当然、そんな達成感がわいてきます。

意外かもしれませんが、そのとき三浦さんの心に生じた「成し遂げた」「これでやっと終わった」という思いは、定年退職の日にサラリーマンの胸にもきっと生じる「長かったけれど、無事に勤めあげた」とか、「一生懸命に働いた。我ながらよくがんばった」という感慨と、案外近いものがあるのです。

その、成し遂げた感、終わった感こそ、大きな落とし穴となるものなのです。

五十三歳で七大大陸の最高峰全峰からの滑降を成し遂げた三浦さんの心にも、恐ろしいバーンアウトが忍び寄ったのです。

目的や目標を失えば、どんな優秀なアスリートも冒険家も、ただの人間です。

それまでのストイックな生活がウソのように、不摂生な毎日が続きます。たちまち太りだす。体重は、一六四センチの身長に対し九〇キロ。みごとなメタボ体型になりました。血圧は一九八まで上昇し、糖尿病や高脂血症など、いくつもの生活習慣病が発生します。腎臓病になる。心臓には不整脈が表れる。七回の大手術も経験しました。そして、今の三浦さんからはとても想像できないことですが、「余命三年」という宣告まで受けたのです。

これらはすべて、目標を失った不摂生の結果です。目標を持たないということが、人間にとっていかに恐ろしいことか、危険なことであるかがよくわかります

世界七大大陸の最高峰全峰からの滑降をした三浦さんが、なんと遠足で幼稚園児が登るような、標高五〇〇メートルの山さえ登れなくなったといいます。

「これではいけない！」と思い立ったのは六十五歳のときでした。きっかけになったのは、百歳を前にして、なおモンブランの氷河に挑んだ父・敬三さんの勇姿でした。

三浦さんは一大決心をし、目標を再建します。五年後にエベレストに登ろう。新しい目標が生まれたのです。

12

世の中の常識に従って生きても面白くない

「自分自身も周りも、三浦雄一郎はもう終わったものと思っていた。けれどそんなところから復活できたら、ひょっとして面白いんじゃないか」

三浦さんは、当時の気持ちをそう振り返っています。

六十五歳のそこから、再びチャレンジが始まりました。重しのバンドをアンクルに巻き、背中にも重いリュックを負って毎日ウォーキングする。そんな地道な努力を五年も繰り返したのです。足のバンドは、一年目が片足一・四キロ。二年目三キロ。五年目には、ついに五キロになりました。

三浦さんは、五年がかりで挑んだ脱メタボのエベレスト登頂計画を見事に成功させました。さらに最高齢登頂の記録も樹立し、世界の称賛を浴びたのは皆さんもよくご存じのとおりです。

このように話してくると、たしかに特別な人のように聞こえるかもしれません。しかしチャレンジというものの一番大事な根っこ——目標を持ち、その実現のために日々努力するというそこには、何も特別なものはありません。

そうはいっても、三浦さんの意志の強さは尋常ではないと誰でも思うでしょう。

しかし意志の強さとは、〝目標を思う気持ちの強さ〟です。三浦さんにだけ、天から与えられた特殊な才能なのではありません。誰もが同じように持てるものです。

三浦さんに、もし特別なものがあるとしたら、五〇〇メートルの裏山級の山にも登れなかった六十代が、「エベレストに登ろう。五年後、七十歳で登ろう」と、常識人ならとても思わないようなことを、平気で思えてしまったというそのことだけです。

普通の六十代なら九九パーセント、そうは思えないでしょう。ましてやいくつもの生活習慣病におかされ、心臓や腎臓に障害を抱えて、余命三年と宣告されたようなメタボおやじ（失礼）がです。それでもなお世界の最高峰に挑もうと思えるような人が、どれだけいるでしょうか。

多くの人は、なぜそう思えないのか。

心の底に「自分にはムリだ」「六十代にはできない」という思いがあるからです。

「六十代は、もうシニアである。ムリせず、のんびり暮らせばいい」「六十代なのだから新しいチャレンジなんてできない」「六十歳を過ぎたら体力も気力も、若い頃より衰えているのは当たり前だ」。

そんな「六十代の前提条件」に、無意識のうちに縛られているからです。前提条件とは「こうあるべきだ」「世の中の常識はこうだ」「過去の実績ではこうだ」「自分の実力ではムリだ」というようなことです。

いつの時代も、九九パーセントの人が思っていることが世の中の常識であり、一パーセントの人が思っていることは非常識だと思われています。

しかし、九九パーセントの常識が必ずしも正しいとは限りません。成功もイノベーションも感動も、九九パーセントの人が非常識だと思っているなかから生まれるのです。

過去の経験や実績を参考にして目標設定を行うことは重要です。しかし、この常識だけに囚われてしまうと、脳本来の力を最大限に引き出せなくなります。脳は「正しい」と思った瞬間に、そのことをそれ以上深く考えることができなくなるからです。つまり、思考停止に陥ってしまうのです。

例えば、妻とケンカしてしまったとき、自分が正しいと思うと、自分にも悪いところがあるかもしれないという思考が働きません。自分が正しいという思いに疑問を持って初めて、解決策を考えることができるのです。

多くの人は、知らず知らずのうちに、世の中の常識や前例の有無で物事を捉えてしまう傾向があります。そして、ムリだ、できない、こうあるべきだ、という答えになるのです。

三浦さんにも、否定的なイメージはおそらくあったはずです。なにしろ余命三年なのですから、「これはムリだな」「あれはできっこないよ」というイメージがないわけがないのです。

にもかかわらず、三浦さんはそのイメージを破壊し、突破しました。世の中にはできないイメージをすんなり受け入れる人と、できないイメージを受け入れず、それに抵抗し、最後にはそれを壊してしまう人とがいるのです。

その原動力となったのが、本人の言葉によれば「自分自身も周りも、三浦雄一郎はもう終わったものと思っていた。けれどそんなところから復活できたら、ひょっとして面白いんじゃないか」という思いだったのです。

このように「やってみれば楽しいかも」「もしかしたら面白いかも」「やってみれば

チョロイかも」というような軽い気持ちがきっかけとなり、否定的なイメージを破壊してくれる――それを私は、「かもの法則」と言っています。

私たちの脳の中には、常にいろいろな「かも」が発生しています。しかも、ものすごいスピードで大量発生しています。私たちが未来を変えられるかどうかは、この「かも」の使い方しだいです。

常識的なイメージに従って、その範囲内で生きたって、面白くない。分かり切った未来があるだけです。

けれどそのイメージをひっくり返せば、やってくる未来が違ってきます。

ムリなどというものはありません。**ムリと思った瞬間に、脳の中でムリがつくられるだけ**なのです。

13

間違った辛抱はやめて、もっと大胆に生きていい

世の中の多くの人たちは、前提条件に沿って生きています。つまり、世の中の常識というようなものです。「定年退職したらこうあるべきだ」「六十代になったらこうあるべきだ」、そんな前提条件は消してしまえばいいのです。

世の中がつくったシニアのイメージに囚われる必要などありません。洗脳から解放されて、もっと自由に生きていいのです。

自分の心の中にある「六十代の前提条件」を調べてみてください。

・六十歳は、老いの入り口である
・六十代は、可能性が残されていない
・六十代になったら、もう失敗はできない
・六十代は、もう人生に疲れている
・六十代になって、異性を愛するなんてみっともない
・六十代になったら、健康に気を使いムリをすべきではない

これらは皆、六十代をつまらなくしてしまう「六十代の前提条件」です。忘れてならないのは、前提条件の多くは、これまでの社会常識や前例、過去の慣習などがつくりあげた錯覚に過ぎないということです。社会常識や前例がみんなの脳に条件づけされているから、皆、同じような行動を自動的にとっているに過ぎないのです。

これまでの人生はすべて練習であり、ウォーミングアップである。
これからがスタートだ！

私はこれまでたくさんの経営者やビジネスマン、トップアスリートの皆さんにこの言葉をお伝えしてきました。拙著『NO．1理論』（現代書林）でもこの言葉を読者の皆さんに贈りました。この言葉は脳を良い状態にして、力を発揮するために最も効果的な自己暗示なのです。

世間には「二十代の頃が絶頂だった」みたいなことを言う人がいます。とんでもない話です。二十歳でも六十歳でも、自己実現に年齢は関係ありません。過去に人生の頂点があったなどというのは、今を真剣に生きていない人間の感傷に決まっています。二十代で五輪メダリストになったアスリートも、三十代の若さで大儲《おおもう》けしてしまった起業家も例外ではありません。

オリンピックメダルの獲得や莫大《ばくだい》なキャピタルゲインのような大成功も、またそれとは反対に、思い出すのさえつらい失敗も、記憶として脳にインプットされた瞬間から、それはもうただの経験データに過ぎません。これからをより効果的に生きるために利用すべき、過去の記憶データのひとつに過ぎなくなるのです。

だからこれまでの経験はすべて練習であり、トレーニングだったのです。

そもそも練習というのは、本番で最高のパフォーマンスが発揮できるようにさまざまな試行錯誤を積み重ねて、そのデータを脳に蓄積する作業です。

ですから重要なのは、過去の成功や不成功ではありません。成功にせよ失敗にせよ、「練習＝経験」をしっかり積んできたかどうかなのです。

そういう視点から自分の過去を振り返ってみると、見える景色が違ってきます。

これまでの努力や苦労は、実ったものも実らなかったものも、うまくいったものもうまくいかなかったものも、すべてこれからの人生に役立てるべき貴重なデータです。

皆さんも多くの経験を積み、これまでたくさんのデータを蓄えてきました。

言い換えれば、**今まで生きてきたなかで一番「保有能力」が高いのが現在です。**それは、間違いありません。

六十歳までは反省の人生だった人もいるでしょう。けれども、六十歳を過ぎたらもう、反省はいりません。これまで十二分に反省してきたのです。

六十歳を過ぎたら、反省している暇などありません。

自分がやりたくないことをして、間違った辛抱をしてはいけません。

あなたの「保有能力」を発揮するときなのです。

大切なのは
過去の成功や
不成功ではない

14

「今まで」を捨てると「これから」に出合える

これからの生き方を考えるとき大切なのは、**今までの価値観を捨てる、**ということです。

どうしたら今までの価値観を捨てられるか、新しい生き方をイメージできるのかというと、簡単です。**今までとは別の方向から自分を見てみるとよい**のです。

人間は「自分が正しい」と思った瞬間に思考が停止しています。「そんなことができるはずがない」「今までの常識で考えたらムリだ」「自分は正しい。相手が間違っている」「世の中そんなに甘いものじゃない」、こう思った瞬間に思考は停止するのです。

ですから、脳を動かすために、前提条件を変えて違う方向から眺めてみるのです。

三浦雄一郎さんのエベレスト登頂を例に考えてみます。三浦さんは六十五歳のときに「エベレストに登ろう。五年後、七十歳で登ろう」という計画を立てました。世の中の常識的な考えでは、まず、七十歳でエベレストに登るのはムリ！と最初からその可能性について考えもしないでしょう。しかし、「登れるはずがない」を「登りたい」「登れるかも」というように前提条件を変えることで現実が変わったのです。

七十歳でエベレストに登れるはずがないという世の中の常識
←
七十歳でエベレストに登れたら楽しいという自由な考え

演出家の蜷川幸雄さんで考えてみます。彩の国さいたま芸術劇場芸術監督に内定した蜷川さんが、「年齢を重ねた人々が、その個人史をベースに、身体表現という方法によって新しい自分に出会う場を提供する」ための集団づくりを提案したことが始まりとなった、五十五歳以上の団員による「さいたまゴールド・シアター」。

二〇〇六年の第一回団員募集には当初二〇〇名の募集枠に一二〇〇名を超す応募があり、五十五歳から最高齢八十歳までの四十八名が所属する「さいたまゴールド・シアター」が正式発足となったそうです。パリ、香港などへの海外公演、国内巡演などにも果敢に挑戦する姿に、演劇界からだけではなく多くの注目が集まっています。

つまり、前提条件を変えるとは次のようなことです。

五十五歳以上の役者だけの劇団なんてありえないという世の中の常識
↓
年齢を重ねた人々が、身体表現という方法によって新しい自分に出会う場を提供できたら素晴らしいという自由な考え

従来の常識を「前提条件」としていると、何の変化も起こりません。人間には年相応というものがある、などという前提条件の中で生きていると、必ず年相応になっていきます。

「前提条件」を変えて、「感覚破壊」を起こせばやるべきこと、やりたいことが見えてくるのです。「感覚破壊」とは、それまでの価値観を捨てまったく新しい価値を創造していくことです。

現実を前提条件にして出てくる発想は、前提条件に縛られ、その内側に制限されてしまいます。〝会社員↓定年退職↓再雇用↓年金生活〟のような、過去の延長線上でしか未来をイメージできません。

私たちの脳は、放っておけば過去を前提条件とし、その条件内でこれからを想像するようにできています。私たちが将来をイメージするとき、この「過去の延長線上」というイメージが必ずつきまといます。それを壊してくれるのが、これからの自分はどんな自分であるべきか、どうありたいか、どう生きたいかという憧れ、願望、夢なのです。ワクワクする人生プロジェクトを実現する出発点が、そこにあるのです。

このような人がいるとします。若いときにプロのロックミュージシャンに憧れたけれど、その道を断念して就職。退職してから、何十年かぶりでギターを手にしたけれど、仲間とおやじバンドを組んでみたい――。この人の今の前提条件は「趣味で楽しむおやじバンド」かもしれません。しかしその前提条件を、「趣味でいいのか？」と疑ってみます。なぜなら、若いときになりたかったものは、プロのロックミュージシャンなのです。

そこで、次のように考えてみます。「おやじバンドでプロデビュー」「おやじバンドで全国ツアー」「おやじバンドのファンクラブ」「おやじバンドで紅白出場」「おやじバンドで武道館」……。このようにイメージを広げていくと、感覚が破壊されて、夢のイメージが生まれていきます。

「前提条件」を変えて考えると、新しい価値観が出てきます。そうすると、新しい「目標」が見えてくるのです。

そして誰を喜ばせたいかを考えてみます。するとまた、違ったイメージが生まれてくるかもしれません。地元の商店街を盛り上げたい、親を喜ばせたい、地元のおじいさん、おばあさんたちに笑顔になってもらいたい、妻や子どもを喜ばせたい……。このように、喜ばせたい人たちの顔を思い浮かべると、やりたいことのアイデアが浮かんでくるはずです。

不利な前提条件だからこそ生まれる戦略もあります。「全員百歳以上のジジイバンド」が誕生したら、世界でオンリーワンになれるかもしれません。そうなったら、百歳を超えてモテ期がやってくるというミラクルが起こるかもしれません。

次に「与えられた条件」について考えてみます。与件《よけん》とは「科学や研究の場合、その出発点として論議の余地のないものと考えられている事実ないし原理」(『広辞苑』)という意味です。この与件から思考することを、一般的に「読み」といいます。

この「おやじバンド」は自分たちのイメージどおりなのか、誰に応援してもらいたいのか、何のための「おやじバンド」なのか。テクニック、楽曲、ルックス、メンバー構成、移動手段、資金……。あらゆる可能性を探り、徹底的に分析するのです。周到に分析してしっかり予測したうえで「目標」を設定することが必要です。しっかりとした分析を伴わない「目標」はただのお題目にしか過ぎません。

夢がイメージできたら、タメ息をついている暇などありません。夢を実現するためにいつまでに、何をすればいいのかを具体的にしていきます。

しかし、「何をしたらよいのかわからない」「特にやりたいこともない」という声もよく耳にします。

過去の自分（例えば会社員である自分）を前提条件として考えるから、会社員としての仕事以外に、「できること」は何もないような気がします。だから「やろう」「やってみよう」とは思えなくなります。

答えを探すヒントをいくつか挙げておきます。

FAX **0547-35-6594**

株式会社サンリ【西田会事務局】

今すぐＦＡＸで資料請求

西田会についての詳しい資料は

下記のすべての項目にご記入の上、FAXでお申し込みください。
なおホームページ、お電話でも承っております。

★は必須項目

★氏名	
★住所	〒
★TEL	（　　　　）
FAX	（　　　　）
メール	@

※送付先が会社の場合は、忘れずに会社名・部署名をご記入下さい。
※FAXが読み取れない時もあります。ボールペンで濃く記入してください。
※お届けに一週間程度かかりますが、期限内に届かない場合はFAX未着が考えられます。
お手数ですが、事務局 info@nishidakai.com までメールにてご確認をお願いいたします。

ご記入いただきました個人情報は
資料送付および弊社からの情報提供以外に使用しません。

ホームページ、お電話での資料請求はこちら

http://nishidakai.com

☎**0547-34-1177**

・子どもの頃、夢中だったことは何か
・若いときにあきらめた夢は何か
・自分は何をするのが一番楽しいか
・世の中のために自分が役立つことは何か
・父親、母親は、あなたが何をすることを一番喜んでくれると思うか
・あなたの強みを一番生かす道は何か

あなたのやりたいことも、きっとここにある問いの中に隠れているに違いありません。

人が人生の最後にやりたいと思うものは、その人が生きてきた道と関わりがある。

それが必然なのです。自己実現とは、そういうものです。

「何のために生きるのか」「何のために生きてきたのか」――その答えがたぶんここにあります。

15

誰かを喜ばせるほど、あなたの喜びが増えていく

退職後は自分の好きなことや得意なこと、趣味の世界を極めたいと思っている人も少なくないでしょう。現役の間は仕事に追われ、とてもそんな余裕はなかった。それがようやく思う存分打ち込めるようになるのです。

けれど趣味の世界に没頭するだけでは、なぜか飽きてしまう。あるいは好きなことや得意なことを夢中でやっていくうちに、なぜか私たちはその大好きなことで人を喜ばせたい、得意なことで人に喜んでもらいたい気持ちになります。

自分が満たされるほど、今度は人にも楽しんでほしいし、喜んでほしいと願うのが人間という社会的動物の特性です。

六十歳くらいになると、「成功」「優越」という青・壮年期の価値観をきっと卒業しているはずです。年齢による役割の変化を素直に受け入れると、**自分の知識や経験を後輩や若い人たちのために役立ててほしいと思うようになる**はずです。

誰かのために自分の特技やスキル、そして自分自身を生かすことは喜びです。

これは、「競争」を卒業した成熟した心の持ち主に特有の心理傾向です。

もっぱら事業を拡大し、収益を増大するために生涯があったような大成功者たちも、成功ストーリーの最後には、面白いように社会貢献に関心を持ち始めます。社会貢献は企業活動の重要な一面であると、広く認識される前からそうでした。ソニーの創業者の一人・井深大《いぶかまさる》さん、ヤマト運輸を育て上げた二代目社長・小倉昌男《おぐらまさお》さんなどが特に有名です。マイクロソフトのビル・ゲイツさんもその一人でしょう。

競争の世界で「成功」「優越」のテーマをとことんやり遂げたことで、今度は自分だけでなく、自分以外の人びとを「喜ばせたい」「助けたい」と思うに至るのです。必死で獲得してきた経験や能力、あるいは財力を、今度は自分以外の人のために使い、周りの人を喜ばせることで得られる心の満足感があるのです。

他人を喜ばせたい――そう思えるのは、ひとつの能力です。私はこの力を「他喜《たき》力《りょく》」と言っています。

人には喜びを感じる力がありますが、その力には個人差があります。「他人を喜ばせて喜んでもらえる喜び」を感じる力が大きければ大きいほど、心のエネルギーも大きくなります。

他人を喜ばせると、自分がうれしくなる。だから、もっと喜ばせたくなる。この循環が「他喜力」をますます強めていくのです。喜びを感じることによって「快感」を得て、その繰り返しで脳が強化されていくのです。

「他喜力」には、「他人を喜ばせてお礼を言ってもらえる喜び」と「他人を喜ばせて喜んでくれる喜び」の二つがあります。

●他喜力――他人を喜ばせて感謝される喜び

●他喜力――他人を喜ばせて喜んでもらえる喜び

前者は何かをしたら「ありがとう」と感謝されてうれしくなった、などということです。後者は何かをしたら「心から喜んでくれていることがうれしい」というようなことです。

「他人を喜ばせて感謝される喜び」には弱点があります。それは「感謝の量」が足りないと、不満を感じるようになるということです。これに対して、「他人を喜ばせて喜んでもらえる喜び」とは見返りを求めない純粋な人間の感情です。

人間には他人の幸せを共有できる素晴しい才能があります。

自分以外の誰かの喜びを追求していると、自分の苦労など不思議と気にならなくなります。知恵やアイデアがどんどん生まれ、あなたに共鳴し、助けてくれる人も増えていくはずです。誰かを喜ばせよう、あの人の笑顔が見たいというアイデアがわき出てきます。

自分だけを喜ばせようとしてガツガツしている人には人が近寄りませんが、誰かを喜ばせようとワクワクしている人のところには、人が集まってきます。出会いがツキを運んできて、運になります。

誰かのためならがんばれる

他喜力は集結することによって、さらに大きな力となります。一人ではできないことも、誰かと一緒ならきっと実現できます。

誰を喜ばせたいか。どう喜ばせたいか。人の役に立つために自分には何ができるか。これを自分に問いかけてみてください。

人間の脳には私利私欲があります。私利私欲がスタートとなり追いかける目標と、他喜力がスタートとなり追いかける目標では、結果が大きく違います。

誰かの喜びを願い行動するとき、六十代からどう生きたらいいかが見えてきます。

第4章

六十代には「強み」がある

六十代だからこそできることはたくさんある。
積み重ねてきた経験は、
あなたの「強み」であり「価値」である。

16

「強み」が分かると人は行動したくなる

六十歳からの生き方とは、「第二の人生」という一大プロジェクトです。

言ってみれば、**あなたは自分株式会社の最高責任者であり、最高財務責任者です。**

プロジェクト立案にあたり、まず最初に検討しなくてはならないのは、自分株式会社の「強み」が何か、ということです。

成長する企業にも老舗にも、必ず「強み」があります。個人の人生プランを描く場合にも同じことが言えます。まず必要になるのは、自分の「強み」を把握することです。

あなたの強みは何でしょうか。

「私には強みなんて何にもない」と言う人がいます。

しかし、人間には必ず何らかの強みがあります。五十年、六十年と生きている人であれば、なおさらです。強みがないわけがありません。ここまで生きてきたのです。必ず何かがあるものです。

脳は二者択一の法則で動いています。

二者択一とは二つのうちのひとつを選ぶことですが、脳は二つの相反することを同時にはできません。どちらかを選択するわけです。

例えば、「楽しい」と言いながら「苦しい」ことを考えられない。笑顔でガッツポーズを出しながら怒れない。「楽しい」か「苦しい」か、どちらかを選択するのです。ですから、自分の強みを認識できると、劣等感が消えて優越感を持てるというわけです。それは、自信という言葉に置き換えてもいいでしょう。

自分のことを他人よりも優れていると勝手に思い込むことを「優越の錯覚」と言います。錯覚ですから、根拠はなくてもいいのです。

優越感が強すぎるのも問題ですが、適度な錯覚は生きるために必要な能力です。人間はひとつでも「自分はこれが強い」という優越感を持てると、行動的になり強い力を発揮できます。イヤなことや、苦しいことが気にならなくなります。

一方で、自分は平均より劣っていると思うと行動できなくなります。他人よりも劣るところばかりが気になったり、欠点ばかりを意識してしまいます。結果、劣等感で消極的になってしまいます。同時に、怒りっぽくなることもあります。仮想の敵をつくって自分を正当化し、本当は優秀な人がダメになっていくのです。

この劣等感も錯覚です。「劣等の錯覚」に支配されると、イヤなことや苦しいことばかりが気になるのです。

仮に今、六十歳の人であれば、それまでの人生経験が豊富にあります。六十歳になると、「もう年だ」「体力も落ちた」「見た目も老けた」「疲れやすくなった」というように、あれもできなくなった、これもできなくなったと減点法で物事を捉えがちです。

そこを逆に考えるのです。六十歳だから三十代の人間よりはこんなことができる、四十代よりはこんなことができるということがあるはずです。

一般的な六十歳の人よりは自分はこういうことができるということを、六つ書き出せたら、人は皆プラス思考になり、優越の錯覚が持てます。

六十代だからこそできることはたくさんあります。

禅の言葉に「答えは問処《もんじょ》にあり」という教えがあります。その意味は、解決策は自分自身の中から導き出すことができるということです。

脳にはすべてを忘れずに覚えているという特性があります。

これを私は「脳の記憶特性」と言っています。自分では忘れたと思っていても、脳はすべてを覚えておいてくれるのです。

「自分の強みは何だろう？」と、自分に問いかけ続けていると、自分では忘れていた自分の強みがポッと浮かんでくるはずです。

心に問いかけると、脳が答えを出してくるのです。世の中の常識に合わせて抑え込んでいた自分が現れてくる瞬間です。

「自分の強みは何か」、自分自身に問いかけてみてください。

そこで、頭に浮かんだ自分の強みだと思うことを六つ以上書き出してみてください。書き出すことは、意識化する作業です。実際にやってみると、必ず気づきがあります。普段は意識していなかったことに気づけることがあるはずです。

「自分の強み」を書き出してみましょう

1	
2	
3	
4	
5	
6	

17

自分に評価を与えよう

六十歳からの生き方を考えるとき、強みはおおよそ次の三つに分類できます。

- **豊富な経験**
- **豊富な人脈**
- **豊富なお金**

前項で、皆さんに強みを書き出してもらいましたが、その強みは三つの分類のなかのどこに当てはまりますか。強みが集中している分類はありますか。それとも、バランスよく三つの分類に配分されたでしょうか。

読者の皆さんは、若い頃から社会で一生懸命に働いてきたことと思います。仕事をして得てきたものは、お金だけではありません。積み重ねてきたのは貯金だけではありません。**仕事を通して「特技・得意」という能力を獲得し、自分の中に経験をためてきた**のです。それらの蓄積は、誰からも奪われることのないあなた自身のものです。

また仕事を通して、さまざまな人脈も培ってきたことでしょう。他人への共感力や包容力、コミュニケーション能力、自己コントロール能力なども蓄えられているはずです。

大切なのは、社会人としての自分の経験と能力を認識しているかどうかということです。

・あなたは、社会人としてどのような経験をしてきましたか？
・あなたの特技は何ですか？
・あなたの得意は何ですか？
・技術やノウハウで精通していることはありますか？
・苦しかった仕事はありますか？
・楽しかった仕事はありますか？

得意なことは何もない、と言う人がいます。ですが、これまでに経験してきた困難な案件やトラブル、あるいは成し遂げたものを思い起こしてみてください。それらはすべて、自分の経験知です。そのなかから特技や得意が見えてくるはずです。

大プロジェクトの立案が得意という人、パソコンを駆使した会議資料の作成が得意という人、プレゼンテーションが得意という人、英語やほかの外国語での交渉が得意という人、人を喜ばせるのが得意で接待なら任せろという人もいるでしょう。

自分には取り柄がない、と思ってしまう人がいたら、それは錯覚です。

自分の行動を思い返してみてください。責任感がある、協調性がある、聞き上手である、行動的である、営業力がある、体力があるなど、強みは必ずあるはずです。お茶入れがうまいのも、笑顔をほめられるというのも、整理整頓が上手なのも、得意や特技のひとつです。他の人と比べてちょっと明るいということでも強みなのです。

もしかしたら、ビジネスの現場では、笑顔やお茶入れは、周囲から価値を見出してもらえなかったかもしれません。

しかし、誰かが「すてき」「ありがたい」「素晴らしい」「いいね」と思うことのすべては強みであり価値なのです。

仕事で培ってきたものだけでなく、趣味や日常生活のことでもよいのです。

枕だけにはうるさい、日本酒には詳しい、紅茶には詳しい、駅弁に詳しい、家庭菜園にはまっている、ミステリー小説には一言ある、鉄道オタクである、釣りが大好き、料理が好き、全国のマラソン大会に出場している……。さまざまな趣味をお持ちの人がいます。

それまで家族や周囲にうっとうしがられていた趣味や、周りから変人扱いされていたこと、仕事の合間にこっそり行っていた嗜好も、自分を生かす強みになります。

さらに申し上げれば、今はまだ特技や得意でなくてもいいのです。興味があること、やってみたいことに五年、十年本気で取り組めば専門家レベルになれるでしょう。まだ誰もやっていないことを選べば、すぐに一番になれます。六十代であれば、まだ、間に合うのです。

会社では他人との戦いだったかもしれません。しかし、六十代からは他人と自分を比較する必要などまったくありません。誰かにやらされるのではなく、自らの意志でやりたいこと、やるべきことをやるのです。六十歳を過ぎたら他人との戦いではなく、自分との闘いなのです。

もしも、体力がない、ITスキルがない、必要な知識がないなど足りない部分があるなら、誰かにカバーしてもらえばいいのです。

六十歳を過ぎたら苦手なことは人にやってもらって、自分の経験値を徹底的に生かしていきましょう。

そのためにも、自分の経験、特技、長所、得意に評価を与えましょう。人生で経験したことすべてがあなたの力になるのです。

自分を大切に思えない人は、他人を大切にできません。自分をもっともっと好きになりましょう。いくら好きになっても、かまわないのです。

六十歳を過ぎたら、誰でも必ず「自分にしかできないこと」を持っているはずです。

人は、認められるとがんばれるものです。自分に正当な評価を与えてあげましょう。

18

誰かのために自分を生かす人はカッコいい

積み重ねてきた人生経験を糧として役割を発揮している人は、カッコよく見えるものです。

実は、年齢とともに〝カッコよさ〟の基準は変化します。

・少年期（十代）——容姿が優れている、スポーツができる、成績がいい
・青年期（二十〜三十代）——仕事ができる、お金がある、容姿が優れている
・壮年期（四十〜五十代）——実績がある、人望がある、仕事ができる

ここに挙げたポイントは、どれも競争的な価値と言っていいでしょう。すなわち他人と比べることで、勝っているとか劣っていると判断するものです。

ところが、六十歳を過ぎると「カッコいい」のポイントが、競争的価値から大きくシフトします。心の成長に伴って、別の価値観が育ってくるのです。

例えば、「お金がある」「実績がある」は大きなアドバンテージでしょう。けれど、もう青年期や壮年期ほどの圧倒的な決定力はありません。

そんなものなどなくても「カッコいい」と、ほれぼれするような人がいくらでもいるのがこの年代なのです。

なぜ、カッコよく見えるのか？

それは、**人に支配された人生ではなく、自分で自由に生きている**からです。人生を受け入れてその経験から発する言葉に、優しさと説得力があるからです。自分のためではなく誰かのために生きているのが分かるからです。その懐の大きさにカッコよさを感じるのです。

- **「第二の人生」では、どちらかというとこれまであまりカッコいい部類に入らなかった人でも、いくらでもカッコよく生きられる。**
- **「第二の人生」では、これまでカッコいい部類だった人でも、価値の優先順位を変えることで、これまで以上にカッコよく生きられる。**

つまり、**誰でもカッコよく生きられるのが六十歳から**なのです。

六十代とは、自分を誰かのために役立てる年代なのです。後輩たちに背中を見せて、何かを残すときなのです。人生の辛酸を乗り越えてきた六十代の背中を見て、若い人たちがカッコいいと思ってくれる、そんなすてきなライフステージなのです。

会社を辞めたのに、会社員時代の肩書やポジションをいつまでも捨てられない人がいます。権威や見栄をまとって生きている人は魅力的には見えません。カッコ悪く見えてしまいます。

六十代にはそれまでの相対的な価値とは違う、自分自身の価値を創造しなければならないということです。そういうふうに人間の心は成長していきます。

そのことを忘れると六十代からが苦しくなったり、虚《むな》しくなったり、また生き甲斐がなくなったりしてしまうのです。

人にはそれぞれの立場に応じた務めがあります。

経営者であれば、社長としての義務と役割があります。社会で活躍してきたビジネスパーソンとして、父親として、母親として、地域の住民として、日本国民として、医者として、農家として、職人として、料理人として……それぞれが生きてきた人生の中で、義務と役割が必ずあるのです。その人の地位や職務に応じて期待されていることや、遂行している働きが役割です。

人間の役割が何から生まれるのかというと、周囲の人からの期待です。そして、役割とは一人ひとり違うものです。

人生経験と職業キャリアがあれば、周囲から期待されていることが必ず何かあることでしょう。それが、役割となります。

自分の役割に気づき、今の役割に感謝してみてください。

すると不思議なことに、今すべきことが見えてきます。

後輩たちに伝えるべきことが見えてきます。

それが、あなたの新しい役割につながります。

あなたには
人生経験という
とてつもない財産がある

19

良い人間関係は最大の財産

私はこれまで勉強会や講演会などで、**「一〇〇〇人の愛人をつくりましょう」**と申し上げてきました。

「愛人」というと、読者の皆さんは「男女の関係」を想像して、ドキッとされるかもしれません。しかし、安心してください。私がここで言う「愛人」とは、「愛する人」のことです。

皆さんは今日まで、どのような人間関係の中で生きてきたでしょうか。あらためて、これまでの人生でご縁のあった人たちを思い返してみてください。

人間は一人では生きていけません。幸せを感じるには、良い人間関係の結びつきが必要です。出会いは最大の儲けであり、財産です。出会いは成長であり、感動です。

人は毎日、とてつもなく儲けて生きているのです。

お金がお金を呼び込むように、良い人間関係は良い人間関係を呼び込みます。良い人間関係には、信頼というベースが必要です。

三十〜四十年にわたり懸命に仕事に打ち込んできた年齢になればきっと、「良い人間関係のネットワーク」を持っているはずです。

六十歳までを魅力的に生きてきた人であれば、その人間関係からとてつもない力を発揮できるはずなのです。

注意すべき点は、会社の人間関係だけに偏らないことです。そのような会社人間は、魅力的には見えません。会社を辞めたら、誰も付き合おうとしてくれないでしょう。すると、イライラしながら残りの人生を孤独に生きることになってしまいます。

また、これまでとはまったく違うジャンル、自分にはない発想を持つ人たちとつながると、新しい広がりが生まれます。そのとき、同年代の人とだけ仲良くするよりも、若い人たちや、幅広い世代ともつながることを強くおすすめします。

いつも同じ人たちとばかり一緒にいたり、同世代の人たちとだけ仲良くしていると、居心地はいいかもしれませんが、広がりが生まれません。

六十代ばかりで集まっていると、腰が痛い膝《ひざ》が痛い、血圧が高い血糖値も高いなど と、病気や老化の話になりがちです。老化を考え、老化を口にするのは、脳の仕組みから申し上げると、老化強化のメンタルトレーニングを行っているのと同じです。これを私は「ジジイ化の法則」と言っています。ですから、時には若い友人と情報交換をするなどして脳に刺激を与えましょう。きっと、新しいイメージがわいてきます。

さて、これまでの「つながり」を意識し、人とのご縁を整理してみましょう。

●あなたの周りで、あなたの夢や思いに共感してくれる人はいますか？
●あなたの夢や思いに共感してくれる人は誰ですか？

もし、これからのあなたの人生と新しいチャレンジに、新しい友人、知人、力になってくれる人が必要であれば、そのための行動が必要です。誰かが声をかけてくれるのを待っているのではなく、自分から動くのです。

あなたの夢や思いに共感してくれる人が、あなたの「愛人」になってくれます。

交換した名刺の数だけが多くても意味がありません。相手を都合よく利用しようというような打算的な動機では、愛人になってもらうことはできません。打算的な動機では誰も友になってくれませんし、己の心が醜く濁っていくばかりです。

「類は友を呼ぶ」という言葉があります。

私はこれまで多くの人たちと出会ってきましたが、この言葉は本当です。心が濁っている人は、濁っている人と意気投合します。心がきれいな人は、心がきれいな人と意気投合します。上昇機運の者同士で集まれば、相乗効果で上昇することができます。意気投合した者同士は付き合いを深めて、ネットワークを形成していきます。

逆に、相手を利用しようとする者は、相手を利用しようとする者同士が寄り集まって、濁った心を伝染《うつ》し合う。これが、隠れた社会階層です。

あなたのやりたいことに協力してくれる人、そのためのアイデアをくれる人、必要な人を喜んで紹介してくれる人、意気に感じて資金やモノを提供してくれる人、あなたの意図や考えを広めてくれる人、アドバイスしてくれる人、励ましてくれる人、忠告したり叱ってくれる人、ピンチに手を差し伸べてくれる人……。

あなたの六十代からの人生プロジェクトがうまくいくかどうか、発展するかどうかは、この人間関係のネットワークにかかっているといっても過言ではありません。

ツキや好運は、自分の努力だけではつかめません。他人が与えてくれるものです。

私は十五年ほど前に書いた『面白いほど成功するツキの大原則』（現代書林）とい

う本の中で、**ツキとは人との出会いであり、運とはツキの持続である**と書きました。**自分だけに頼ろうとする人間は、ツキにも幸運にも見放される**ことになります。

夜の街灯が虫を引きつけるように、人は熱意に集まります。夢を語る人には何歳になっても魅力があります。夢があると熱意が強くなります。その夢に共感し、真剣に聞いてくれる友ができるのです。あなたの掲げる「夢」に、人は心を動かされて応援したくなるのです。

もうひとつ大切にしてほしいのが、「楽しい」「面白い」という感情です。これらには、人を協力的にさせる不思議な力があります。

人間は楽しいことや面白いことが大好きです。それは、子どもも大人も六十代も変わりません。あなたが相手の脳に楽しく面白いイメージを喚起できれば、人は進んであなたの仲間になってくれるはずです。

深い絆で結ばれた良い人間関係が心の力の源となります。生きる意味をつくります。**人との出会い、人とのご縁とネットワークが、人生にミラクルを引き起こす**のです。

20

夫婦関係も六十歳までに整理する

多くの男性たちは奥さんやパートナーに支えられてこれまでを生きてきたはずです。支えてくれた愛する人たちに「人生の最後にここまでやるぞ！」というチャレンジを見せることができるのが六十代です。奥さんにカッコいい生き方を見せるときです。

けれどほとんどの男性が、妻との毎日を「当たり前」と思っています。男はいくつになってもマザコンですから、妻のことを無条件で自分を愛してくれる母親のように思ってしまうのです。

ですから私はいつも、**「いくつになっても男の脳は女の脳から見たら六歳児」**だと申し上げているのです。

妻は母親ではありません。女性の本能に、「愛する人を育てる」という不思議な力がありますが、夫を無条件で愛し続けてくれるわけではありません。夫は、愛を受け取るだけでなく、妻に愛を注ぐことを忘れてはならないのです。

子どもが生まれて育て上げるまでには、長い時間と多大な労力を要します。時代によって夫婦の形は変わるかもしれません。しかし、子育ての苦労と喜びを分かち合いながら、男女が互いに協力し合う関係だけは、私たちが人間であり続ける限り変わりようがありません。

夫は妻を必要とし、妻のほうも夫を必要とする。愛し合う夫婦も、愛し合わない夫婦も、互いに不可欠な〝必需品〟であったのが青・壮年期の二人なのです。

しかし子育てが終わると、もう必需品ではなくなります。

夫の気づかないうちに、子どもが学校に上がる頃から、すでに妻の自立は始まっています。育児や子育てのネットワーク、地域活動やボランティアの人間関係、あるいは趣味のサークル・習い事、また子育て後には再就職やパートで仕事に出る女性も多いでしょう。夫は気づかないだけで、妻たちは家の外に自分の世界をどんどん広げているのです。

つまり妻のほうは必需品関係を勝手に卒業していくのです。

残されるのは亭主族です。男には「愛する人を絶対に幸せにしたい」という思いがあります。新婚の頃にはそれを発揮していても、メンテナンスを怠ると、いつしか関係性が古びてきます。新婚の頃、夫を積極的に支えていた妻は、いつしか仕方なく消極的に夫を支えているだけの妻になっています。イヤイヤ支えているだけですから、夫がストレスになり楽しくありません。

それでも、男のほうは、いつまでも自分が妻の必需品だと錯覚している。それで、いまだに優しい言葉のひとつもかけようとしない……。そんな亭主を女性がカッコいいと思えるはずがありません。ある日突然、三くだり半を突きつけられて仰天することになるのです。

一頃、大きな話題になった濡れ落ち葉族。退職後の暇を持て余し、どこへ行くにも奥さんのあとをついて回る亭主族たちのことです。かと思えば、日がな一日、家でブラブラして、まるで仕事の資料を読み込むように新聞のチラシに毎朝丁寧に目を通し、「今日はあそこのスーパーで安売りだ」「このスーパーはトマトが何円安いから、そちらへ行け」と、こと細かく指示をする。うんざりした奥さんとケンカの絶えないという話をよく聞きます。

こんな夫ではどんな奥さんも、「カッコいい」とは思えなくなります。単なるジャマな粗大ごみに見えてくるのです。

女性は正直ですから、カッコ悪い夫の世話に、自分の人生をこれ以上費やすのはまっぴらごめんだ、このまま一生を終えるのはイヤだ、と思うわけです。夫が最大のストレスになるのです。

そうならないためには、夫は妻にどうにかして気に入られなければなりません。ときどき花をプレゼントしたり、たまには「愛してるよ」「きれいだね」と口にしたり、食事やコンサートに誘うなど妻へのサービスが必要なのです。カッコいい、ステキだと思われるような嗜好品《しこうひん》としての価値を高める努力を怠った男たちが、熟年離婚を申し渡されるのです。

皆さんも他人事と笑ってすませてはいけません。

元気いっぱいで若々しい六十代女性、あるいは離婚したり、ご主人に先立たれたりすると、悪い魔法を解かれたようにどんどん若返り、元気になっていく彼女たちと比べ、亭主族のしょぼくれっぷりは顕著です。

世間では悪いことのように言われますが、セックスレスとか同居離婚、仮面夫婦などというのも、実は互いに依存し合わない、新しい夫婦の形を模索する試みなのではないかと私はにらんでいます。

考えてみれば、熟年離婚だって悪いことではありません。むしろ自由への旅立ちです。いつまでも奥さんに寄りかかり、煙たがられ、迷惑がられているのも知らず、そのお尻についてまわる「濡れ落ち葉族」や「粗大ごみ族」に比べれば、はるかに人生に対して建設的と言えるでしょう。

すなわち**六十代のライフステージでは、夫婦のあり方も変わります。もたれあう共依存で結びつくのではなく、互いに自立した者同士として、新しい夫婦関係を築き直すことが必要**なのです。

実際、退職後に起業する場合、奥さんが仕事のパートナーになるケースも少なくありません。新しく開いたお店で共に働いたり、これまで奥さんが続けてきた仕事に、退職したご主人が参加したり、夫婦が協力してひとつの仕事に邁進《まいしん》する――会社勤め時代にはまずあり得なかったシチュエーションです。

これも第一の人生とは違う、もうひとつの生き方です。

また、「夫婦仲良く美しい」というような微笑《ほほえ》ましい熟年夫婦を見かけることがあります。**夫婦の究極の愛というのは、実は「あきらめの愛」なのです。**

どういうことかというと、若いときは戦ったり、責め合ったりしていた夫婦が、何十年も長い時間を共に歩みながら求めなくなるわけです。**「あきらめの愛」とは「いろいろあったけれど、この人でいい」という夫婦の覚悟**でもあります。六十代からはこの究極の愛に到達することができます。

第二の人生では、夫婦が共に楽しめるような関係をつくりましょう。

もしそれができなければ、第二の人生を台無しにしないように離婚して気の合う相手を見つけることもできます。お互いに、また別の出会いが待っていないとも限らないのです。

言うまでもなく離婚したら、もう恋も愛も自由です。「そんな年じゃない。女の子だって振り向いちゃくれないよ」「今さら恋だの愛だのって面倒くさい」などと、一人で燃え尽きている場合ではありません。すてきな彼女、彼氏をつくればいいのです。なにしろ六十代は、自分自身を解放するライフステージなのですから。

カッコいい魅力的な六十代になり、第二の青春を謳歌《おうか》してください。

愛を
与えていますか

第5章

死が近づくと見えてくる「本当の自分」

「残された人生があと三日しかなかったら、
その三日間で何をしますか?」
この答えのなかに、あなたの真の姿が潜んでいる。

21

死という
タイムリミットが、
生き方に
変革を起こす

この世に絶対に疑えないことがあるとしたら、人は死ぬということです。物事にはたいてい例外があるものですが、これぱかりはどういうわけか例外がありません。死亡率一〇〇パーセントで、死に損なった人というのはまだいないのです。

それなのに、ほとんどの人は自分もいつか死ぬという事実を、普段はすっかり忘れて生きています。

人間には、実に奇妙な習性があります。締め切りとか納期、試験、本番などが近づくと、なぜか急に仕事や勉強に真剣に取り組みだすのです。

タイムリミットが近づいてくると、それまで曖昧《あいまい》だった何かが明確になる――。つまり、自分が今、何をすべきかが分かってくるのです。

- タイムリミットを意識しないと、「いつでもできる」と思ってしまう
- タイムリミットは、目標をはっきりさせる
- タイムリミットは、目標に至るまでのプロセスを具体化する
- タイムリミットを意識すると、今すべきことが明確になる

なぜ、タイムリミットにこのような素晴らしい効果があるのかといえば、私たちの脳の働き方に理由があります。

人間の脳は理屈だけではなかなか動きません。きわめて怠け者なのです。しかし、具体的なイメージがあると、本気で動きだすという特性があります。

タイムリミットは、目標にイメージを与えます。「いつまでに」と考えると、具体的に未来をイメージできるので、夢や願望もずっと実現しやすくなります。

いずれやってくるはずの死も、人生のタイムリミットであり、文字通りのデッドラインです。六十代になると、三十代、四十代、五十代とは違い、体がだんだん衰えてきて人生の残り時間を考えるようになってきます。親や親戚、友人や知り合いなど周囲の人が亡くなると無意識に脳が死の学習をしています。人生の残り時間が少なくなって、死をイメージするようになります。

そのとき、自分の残された命を何に使うのか、と考えるようになるものです。真剣に生きなければいけない――そんな気持ちが自然とわいてくるはずです。

人生を振り返り、いろいろな人にお世話になったと感謝の感情も強くなるでしょう。自分のためではなく、人や社会へ恩返しをしたくなるのです。純粋な動機で、何かをやろうと決断できる大チャンスなのです。

人間はいずれ必ず死を迎えます。人間には持って生まれた寿命があります。それゆえに、毎日を真剣に生きることが大切なのです。

もし、人間に寿命がなかったら、人は皆、いい加減にのんべんだらりと生きていくことでしょう。

「死」を考えると「生」が見えてきます。 人生の終着点をイメージすると、今、何をすべきなのかが、はっきりと見えてくるのです。

私も、自分は何歳でどのように死んでいくのかをシミュレーションしています。仮に「九十歳まで生きる」とシミュレーションしたとします。九十歳まで生きられたとしても、今と同じレベルで仕事ができるかといえば、きっと難しいでしょう。

死をシミュレーションすると、特殊な仕事であれば可能だとは思いますが、社会が認めてくれて活躍できるタイムリミットはそれほど長くないと気づくのです。

ですから、**死が近づいてくる六十代になると、誰でも哲学的なものの考え方になっていく**のです。

〝哲学的に〟とは、物事を難しく考えることではありません。これまで私たちは自分自身の利害や好き嫌いに基づいて、つまり自分を中心に据えて、いろいろなことを考え、物事を判断してきました。そういう自分のポジションをいったん離れたところから、いろいろなものを見直し、考え直すことが哲学なのです。

若いときは誰でも「自分には可能性がある」と思っています。だからこそ将来に向かってがんばれたのです。

けれど、人生の終盤も意識するようになる。すると多くの人たちは、「まあ、こんなものかな」「まあまあ、いいんじゃないかな」と思ってしまいます。未来に自分を待ち構えているのも、可能性であるよりは不可能性（できない、どうせムリだ、やってもムダだ）であるかのように錯覚してしまいます。

実際には、そんな不可能性などどこにもありません。

すべては私たちの脳の中にある錯覚に過ぎないのです。

「早かったなあ」「このまま終わってしまうのか?」という焦燥感。

「自分はこれまで何を成し遂げてきたのだろうか」という反省。

あなたは、若い頃に自分がイメージしていた〝未来の自分〟になれましたか。

手に入れたいと思っていたものを手に入れることはできましたか。

行きたいと思っていたところには行けましたか。

やりたいと思っていたことはできましたか。

会いたいと思っていた人には会えましたか。

達成できたこともあれば、達成できなかったこともあることでしょう。

これまでの人生を見つめ直したり、残された時間をどう使って生きるべきかなどと考えたりするようになる。

自分は何のために生きているのか——。

六十代は、この大きなるテーマを、本気で自分に問いかける哲学的な年代なのです。

22

感謝するほど脳は本気で動きだす

自分の人生を振り返ると、人生がうまくいった人もいかなかった人も、ひとつの事実に気づきます。面白いようにみんな同じことに気がつくのです。「いろいろな人にお世話になってきた」という事実です。

しばらく思い浮かべることもなかったいろいろな人の顔を思い出し、その人たちとの出会いがあったからこそ、ここまでこられたのだなと納得します。

これらの関係なくして自分もない――そんな思いがあふれてくるはずです。

人間は人に迷惑をかける動物です。「私は誰にも迷惑をかけていない」と言う人は、自分に気づいていない愚かな悲しい人です。

しかし普段、人間の脳は自己中心的に物事を捉えているので「かけた迷惑」を忘れて生きている人が多いものです。「自分の力だけで生きている」などと錯覚している人もいます。

産んでくれた両親、会社の上司や同僚、結婚しているのであれば配偶者、兄弟や家族、友人、知人、そのほかお世話になっている人……。皆さんは、どれくらい人に迷惑をかけて生きてきたでしょうか。

忘れているのは「かけた迷惑」だけではありません。「受けた恩」もそうです。受けた恩はそのときは「ありがたい」と思っていても、月日がたつうちに忘れてしまうものです。

これまで生きてきたなかで「かけた迷惑」を忘れて生きている人は、自分のことは棚に上げ、周囲に不満を持ち、家族には感謝せず、自分に素直になれずに生きているのです。

これまで生きてきたなかで「かけた迷惑」と「受けた恩」を思い出してみてください。忘れていた恩人や疎遠になっている感謝しなければいけない人がいるはずです。

それらの**恩人に感謝を伝えると、不思議なことに、心から不平、不満、不安や悩みが消えていく**はずです。

私もこれまでの人生を振り返ると、たくさんの人に迷惑をかけ、多くの人に助けられ、恩を受けています。

なかでも、亡き母には数え切れないほどの迷惑をかけ、返し切れないだけの恩を受けています。いくら感謝してもし切れません。よく、「母が生きていてくれたら」と思うことがあります。

多くの人は、幼い頃は「親が子どもである自分を育てるのは当たり前」と思っています。青年期になると、感謝の気持ちはあるけれど、どこかで反発心も残っています。これが自分自身も子育てをする年齢になる頃には、親のありがたみが身にしみて分かってきます。

親はあなたが誕生したその日から、いやその前から、あなたの存在をまるごと愛しています。無条件で認めてくれる存在なのです。

親が亡くなって初めてその存在の大きさを知り、恩を感じるという人もいます。ですから、昔から「親孝行したいときに親はなし」といって戒めているのです。できれば、親が生きているうちに、その思いを伝えてほしいという先人の教えなのです。

私は大人になることを、「人に恩を感じる力を持ったとき」と定義しています。その意味では人は「なかなか大人にならない」とも言えます。

自己中心的な考えの強い若い頃は、恩という感覚はなかなか理解できないでしょう。二十代、三十代では、感謝の気持ちはあるけれど、恩を感じるまでには至らないのではないでしょうか。

実は、脳には発達段階があって、若いうちには恩に気づきにくいのです。

若い人が「感謝の心を大切にしています！」というようなことを言っているのを聞くことがあります。「たいしたものだな」と思う半面、「君の言う世の為、人の為の『為』にはニンベンがついているんじゃないの？」と皮肉のひとつも言いたくなります。

一方で年齢を重ねると、仏壇の前に座り、自然にご先祖さまに手を合わせるようになったりします。恩を感じることも増えていきます。たくさんの経験を積んで脳が発達し、恩を感じる力が身についてくるからです。

脳は具体的なイメージがあると、本気で動きだすという特性があるとお話ししました。この特性を利用して真剣に死をイメージすると、心に強烈な感情がわいてくるはずです。感謝と恩を感じる力が、生きるエネルギーに変換されていくのです。

感謝は人を素直にする特効薬です。感謝すると脳が肯定的になり、不平不満が消えます。感謝の感情は〇・二秒以内に脳に伝達されますから、不満や不安、悩みがあっても消えてしまうのです。

感謝を反復すれば、脳がどんどん「快《かい》」になっていきます。脳がワクワクしてくるのです。すると行動も変わってきます。ですから、なんでもかんでも感謝したもの勝ちだと申し上げているのです。**感謝とは自分の心を常に良い状態にコントロールするための最強の方法**なのです。

感謝の感情は、不思議なことにそれだけでは終わりません。お世話になった方々や、社会への恩返しの気持ちを必ずもたらします。

自分のための「私利私欲」ではない、「利他心」を生むのです。

利他の心というと、なんだか説教くさく聞こえますが、分かりやすく言い換えれば、人の利益や幸せを考えることです。「他人を喜ばせよう」「喜んでもらいたい」という気持ちです。

迷いのときを経て、**人さまや社会への恩返しをしたいという利他の心が生まれるのが六十代**なのです。利他を前提とした努力は必ず開花します。

人にはそれぞれ価値観があります。人はその価値観に動かされています。あなたの常識はあなたの価値観の優先順位がつくっています。価値観の優先順位が「自分」では、感謝の心が生まれません。一番大切にしなければいけないものが見えません。

妻の愛情、子どもたちの応援、友の思いやりや仲間の励まし……。それまで当たり前だと思っていたことに感謝すると、生きているというありふれた事実まで「ありがたい」と思えてきて、「自分は生かされている」とか「生きているだけで素晴らしい」と言いたくなってしまうのです。

人間とは、大切な人に迷惑をかけ、大切な人を裏切り、大切な人に嘘をついて生きている地球上唯一の動物です。

この罪深い自分から逃げずに、自分を直視し、愚かな自分を認め、そして悔い改めようとするとき、「自分は何のために生きるのか」そして「何をしなければいけないのか」がはっきりと見えるようになるのです。

第2章でアメリカの心理学者アブラハム・マズローの五段階の欲求についてお話ししました。

ところが、五段階の欲求には続きがあります。マズローは死ぬ前に、この五つよりももっと上の欲求があると考えたのです。しかし、それが何なのか分からないまま死んでいきました。

私は、その上の欲求というのは「無欲」だと考えています。

無欲といっても、「何もいらない」というあきらめの境地や、枯れ果てた老人の無欲ではありません。物欲を捨て、「人さまのためにのみ行動したい」と本気で思える究極の欲なのです。損得抜きに社会に貢献し、多くの人と幸せを分かち合いたいという積極的な無欲なのです。自分の「魂」を磨き上げたいという欲なのです。

「積極的な無欲」とは、物も名誉もいらないという無心の状態でありながら、「命に代えてもやる」という強い信念のある究極の状態です。つまり、「積極的な無欲」は純粋な動機による生き方なのです。

無欲のレベルに近づいた人は穏やかな顔をしています。無欲になると、もう自分を守る必要はありません。**無欲とは、とても気持ちのいいもの**なのです。

23

もし、人生が残り三日だったら？

普段は忘れていますが、私たちは誰でも「ひょっとしたら明日はないかもしれない」という星の下に生きているのだとつくづく感じます。

ここで皆さんに、質問をします。

「もしも、人生が残り三日しかなかったら、その三日間で何をしますか？」

もしも、あなたの人生があと残り三日しかないとしたら、その三日間で何をしたいかを想像してみてください。

かなえたい願いはありますか？
やりたいことはありますか？
行きたい所はありますか？
会いたい人はいますか？
誰に何を伝えたいですか？

このように答えたすごい人もいます。

「たとえ明日世界が滅ぶと知っていても、私はやはりリンゴの木を植える」

神学者マルティン・ルターの言葉です。人生に対するこの強烈な信念と覚悟は、深い信仰から生まれたものに違いありません。

皆さんは、いかがですか。「妻といろいろな思い出を語りながら過ごしたい」「子どもと酒を飲みながら語り合いたい」など、いろいろな答えがあることでしょう。

生あるうちに、自分は何をすべきなのか？

自分が生きている間にやらねばならない役割とは何であるのか？

この人生を「何のため」に使うのか？

「死」を考えると、「生」に意味が生じるのです。

自分の本当の気持ち、自分の本当の姿は心の奥底に閉じ込められていることが多いものです。

心の奥底ではやりたいことがあるのに、現在の生活ではそれができずにあきらめていることもあるでしょう。

いや、あきらめていることにすら気づかずに時間を過ごしてしまっているということもあるかもしれません。

今こそ、その心のフタを開けるときです。

24

死に方にも
ツキと運がある

少し恐ろしい話をします。

実は、人間の死に方にもツキと運があります。大切な人々に見守られ安らかに人生を終える人。お世話になった人たちに「ありがとう」と感謝の言葉を伝えてこの世を去る人。恐怖と苦しみと孤独で苦しみ続けて一生を終える人。あなたはどのような死を迎えたいでしょうか。

すでにお話ししたように、ツキとは人との出会いであり、運とはツキの持続です。私たちが自分一人の力で成功することは、まかり間違ってもないのです。

つまり、他人との関係の中でしか生きられない人間は、夢も希望も、人との出会いなしには実現できないということです。

死に方も同様で、人間は一人で死んでいくというのは大ウソで、私たちは人間関係の中でしか死ねないようになっています。

独りぼっちで孤独に死んでいく人もいます。けれど、その死も決して他人から切離された一人の死ではなく、その独りぼっちの背後には、そこまでその人が生きてきた人間関係がイヤというほど凝縮されているのです。

臨終の床に大勢の親類縁者が集まっても、遺産や保険金目当ての人間たちに「早く死んでくれればいいのに」などと、必死で願われて死ななければならないとしたら、独りぼっちの死よりもさらにツイていないでしょう。

寝たきりの枕の下に、預金通帳と土地の権利書を隠したまま、決して放そうとはせずに亡くなったというおばあさんの話を、知人から聞いたことがあります。預金通帳を握りしめてあの世に行っても、そのお金は使えません。たぶん、使えないでしょう。

また、交通事故で植物状態になったまま、奥さんに手を握ってもらえないばかりか、平手打ちを食うという最高にツキのない最期を迎えた社長さんもいらっしゃる。なんとか目覚めさせようとして、奥さんは涙ながらに頬を叩いたのだと解釈したいのですが、実際はどうも違うらしいのです。愛人をつくり、めったに家にも寄りつかなかった夫に、積年の恨みを晴らしたのではないかというのがもっぱらの噂でした。

しかし多くの人が、最後は家族に「ありがとう」と感謝したり、妻の手を握りしめて「苦労をかけたな」と詫《わ》びたりしながら、なんとか無事に亡くなっていきます。元気なときは家族などかえりみることもなく、愛人まで何人もつくって、あんなひどい亭主がいるのかと思うような人も、そんなふうに亡くなっていくことが世間には多いものです。

人間は死を前にすると、自分にとって一番大切なもの、自分が本当に望んでいたことが分かってきます。

私たちは自分の欲望や快楽を目指すよりも、それとは違う、何か別のものを目指したいと、心の底では思っているのではないでしょうか。

何しろ最期の最期に思い浮かぶ「やりたいこと」が、妻の手や子どもの手、両親の手、友の手を握るなどということだったりするのです。

ただし、伸ばした手の先に、妻や子どもの手がちゃんとあるとは限りません。

たとえあったとしても、その手が優しく握り返してくれるとも限らないのです。

25

心の決断に耳を澄まそう

「他人はだませても自分はだませない」

私はこの言葉を講演会や勉強会で多くの皆さんにお伝えしてきました。

自分の魂に対して嘘をつかねば実行できないことをすると、苦しくなります。たとえ、一時的にはうまくいくように見えても、それはやがてうまくいかなくなる運命にあります。

あなたにとって「本当に大切なもの」は何でしょうか。

実は、「大切なもの」にはレベルがあります。「本当に大切なもの」「そこそこ大切なもの」「言われてみれば大切だと思えるもの」があるのです。

本当に大切なものを察知する能力が人間の脳にはあります。

損得勘定で頭がいっぱいになっていたり、一時《いっとき》だけ良ければいいと考えていると「本当に大切なもの」を選ばなくてはならない場面で、「そこそこ大切なもの」や「言われてみれば大切だと思えるもの」を選択してしまうことがあります。

しかし、死というタイムリミットが私たちを本気にさせてくれます。六十代になったら、もう損得勘定で頭をいっぱいにしている暇などないのです。

こう考えてみると、「残り少ない人生」という条件は六十代の特権だと思えてきます。自分の命を使って、何がしたいのか。その答えを得ている人もいることでしょう。まだ得ていないとしても、焦る必要はありません。必ず自分の中に答えはあります。「自分の生きる目的は何か？」を、自分の脳に繰り返し問いかけてください。脳に問いかけると、脳は国立国会図書館一〇〇館よりもすごいデータベースをフル回転させて答えを導き出してくれるはずです。

- **自分の命を使って、何がしたいのか？**
- **自分の命を使って、どうしたいのか？**

もし魂が燃えると感じることがあれば、それがあなたの役割であり、これからの人生を使ってすべきことです。

自分の命を使って何をするかの決断ができると、心から雑念が消え、ためらいもなくなります。

人間の脳は、いつどこで覚えたのかわからないことまで覚えています。それは直感という形で現れます。直感的に「その気になれない」「不安に感じる」というのは、脳からの警告です。

ちょっと違うと感じることには、往々にして何らかの欠陥が潜んでいます。それを脳は「何となく」という感じで伝えてくるのです。魂が燃えないと感じたら、やめたほうがよいのです。

いずれにしても、**脳は必ず答えを出してくれる**はずです。

第6章

六十歳からのラストチャンスの生かし方

自分の命をどう使うかを真剣に考えると、
心の底からやりたいことが見えてくる。
ここが、真の人生のスタートである。

26

やりたいことを純粋に追求すればいい

人生というのは長いようで短くもあり、短いようで長いものでもあります。

私も、これまでの人生を考えると「アッという間だった」と思うときがあります。また、「まだまだ、これからだ」と思ったりもします。

そんな人生の中で、誰でも自分に決断を下すときが何回かあるはずです。就職をしたとき、結婚したとき、起業したとき、転職したとき、子どもが生まれたとき、また大きな病を患ったとき、大切な人が亡くなったとき……などです。

私も昔、初めて就職したとき「よーし！　がんばるぞ」と決断を下したり、結婚したときは「こいつを絶対に幸せにするぞ」と思いました。子どもが生まれたときには「絶対に立派な父親になる」と思ったり、大切な人が亡くなったときには「これからしっかりとやっていきます」と誓いました。

若いときの決断には強いエネルギーが必要です。しかし、年を重ねてからの決断は不思議なことに気負いのない決断となるのです。若いときは自分のためしか考えられなかった脳が、「少しは世の中のためになることをしたい」とか「もっと自然に生きたい」と強く思うのです。

ここまでお話ししてきたように、心の奥底につくられてしまったその人の常識、当たり前が、その人の人生になっていきます。それは、トップアスリートでも、ビジネスマンでも、どのような立場の人でも同じです。これが、人間の脳の恐ろしさなのです。

もしあなたが、「もう年だ」「もうムリだ」と思っているとしたら、それらはあなたの心がつくり上げている目には見えない心の壁です。この心の壁を取り払うと、できないことはありません。

人生は一回です。その大切なたった一回の人生を有意義なものにするために、心の壁を取り払って、いろいろなことにチャレンジしましょう。年齢は関係ないのです。

そのためには、悩むのではなく、まず「やる」と決めるのです。その決めたことを心の壁に阻止されないようにするために、「具体化」するのです。

脳はあなたの思いを実現するようにできています。「もうムリだ」も、「できる」「やる」も、どちらも実現してしまいます。

さあ、あなたはどちらを実現させますか。

夢やビジョンに向かっているとき、年齢に関係なく心は充実して、時間がたつのも忘れています。毎日が楽しくて仕方ありません。新しい仲間との出会いも増えていくことでしょう。

本気で夢やビジョンに取り組むとき、周りにそれを笑ったりバカにする人がいるかもしれません。しかし、それを気にしてはいけません。なぜなら、あなたの夢やビジョンを笑う人は本気で生きていない人だからです。本気で生きている人は、本気の人を笑ったりバカにしたりはしません。きっと、応援してくれるはずなのです。

新しいワクワクした人生をつくりましょう。今までの常識を捨て、真のイノベーションを人生に起こしましょう。新しい自分をつくるのです。**人生に遅すぎることはありません。**そのような前提条件は壊してしまえばよいのです。

六十代は多くの責任から解放され、多くの人生経験の蓄積があり、心は成熟しています。これは若いときにはなかった六十代の特権です。

この特権を生かして、六十代に訪れる人生最大のチャンスをものにするか、ものにしないか。あとは、あなたが勇気ある決断をするだけです。

27

六十代からの生き方にも計画は欠かせない

六十代からの第二の人生で、やりたいことやテーマが決まったら、それをどう実現していくか。その道筋を考え、そのためには何が必要かを分析してください。なぜなら、脳は具体的なイメージがあると、本気で動きだすからです。

思いつきだけで、とりあえずやろうということではうまくいきません。バタバタと動き回り「ああやっぱりダメだった」で終わってしまいます。

いつも経営者の皆さんに申し上げているのは**「経営計画書なき経営は恐怖の奴隷制度なり」**ということです。経営計画書なくして経営を進めようとすると、何をやったらいいのか分からず、奴隷のようになっていくのです。

経営を考えるとき、全体構想という根っこの上に、戦略という幹があり、戦術という枝があるわけです。自社の強みをどのように事業化していくか。長期的計画、年商などの方向性を決めるのが戦略です。戦略に沿って、商品やサービスの開発、販売戦略などをつくっていきます。

私は、「戦略・戦術がいくら優れていても、全体構想のない会社は立ち行かない」とお話ししています。

それは、一人の会社であっても、個人でも同じです。どこに向かうかによって、作戦も変わるのです。

人生後半の自分の命の時間を使って何をするのか。自分の強み、特技を生かして、何をするのか。そのために必要な人はいるか。資金は足りるか。しなければならないこと、あきらめること（捨てること）は何か……。

六十代からの第二の人生プロジェクトの全体構想を描くことで、やるべきことが明確になっていきます。その解決方法を考えながら、タイムスケジュールも決めていきます。

出発点は現状ではありません。実現しようとする理念であり目標です。ゴールから今を俯瞰《ふかん》して考えるのです。

このように、俯瞰して考えることを「鳥の目」と言います。鷹が上空から獲物を狙うように、上から物事を見るのです。この「鳥の目」で見ると、全体構想が描けます。

何をすれば、六十代からの第二の人生プロジェクトを達成できるでしょうか。

達成のために、足りないものは何でしょうか。

スキルでしょうか、時間でしょうか、人脈でしょうか、それともお金でしょうか。

登山でたとえると分かりやすいかもしれません。エベレストに登るのか、富士山に登るのか、それとも屋久島の宮之浦岳《みやのうらだけ》に登るのか、高尾山なのか。本格的な登山なのか、ハイキングなのか……。どの山に登るかによって、装備も準備も費用もメンバー構成も異なります。私たちが六十代からの生き方を考えるときも、これと同様なのです。

必要な準備の第一は「計画」です。これまで実務・現場を経験してきた皆さんならば賛成していただけると思いますが、何事も良い結果を期待するなら「計画」は欠かせません。

計画によって目的地までのコースを定め、途中で迷ったりしないようにあらかじめコースを決めておく。目標というお題目だけでは、ラクなほうへラクなほうへ面白いようにズレていき、結局押し流されてしまいます。何十年もいろいろな人たちを観察してきましたが、どうやらそれが人間というものらしいのです。

六十代からの人生を楽しく充実したものにするためには、企業のような綿密なものではなくとも、計画を立てることが必要なのです。

計画がなければ、六十代からの人生もうっかりぼんやり過ごすことになるでしょう。「なるようにしかならない」とはよく言われる言葉ですが、人生は「なるようにしかならない」のではなく、「なすようにしかならない」のです。

全体構想が一般の計画と大きく違うのは、通常のスケジュールのように目標達成までのプロセスを示すだけでなく、動機づけとして役立つところです。

ですから、目標は、会社員時代に会社から与えられていたような数値目標ではなく、自分の理想や夢、あこがれを含むものでなくてはなりません。ワクワクしながらイメージできる目標です。

「できたらいいな」というような希望ではなく、「自分の命を使って、このことをやるぞ」という人生の根っことなる目標です。

目標が決まったら、それをどう実現していくのかを具体的に探っていきます。どの山に登るのかを決めたら、その山にふさわしい準備をしていくのです。装備や準備、費用やメンバーを検討します。「どうすれば達成できるか」「課題は何か」とあらゆる面で分析して詰めていきます。

夢を実現する人と、夢を持つだけで終わってしまう人との差は、「詰める能力」の差です。夢を実現するには、現実に強くならなければなりません。

「どうすれば達成できるか」「どうすればうまくいくか」と肯定的な分析をしている脳はあきらめません。あきらめてしまう人の脳は、知らず知らずのうちに脳が否定的な分析を行ってしまっているのです。これが、達成できる人と達成できない人の違いなのです。

その際、やるべきことを意識して優先順位をつけることは当然ですが、「何をやらないか」を決めることも大切です。後先順位を決めるのです。

時間は有限です。してはいけないもの、後回しにするものを判断できないと、優先順位の一番に力を入れられなくなってしまいます。

もしも優先順位がたくさんあるとしたら、思考が広がっている状態です。絞り込み作業を行って、真に優先順位が高いものを決めていきます。この絞り込みに有効な思考法が、後先順位を決めるということです。目標に即して考えて、「捨てる」ものはあるかという思考も持たなければならないのです。

夢や目標ができて脳にスイッチが入ると、脳は異常なまでの集中力を発揮するはずです。雑踏の中を歩いていて、ザワザワした中でも関心ある言葉が耳に入ってきたり、その情報に自然と気づくことが多いのは、脳が情報を収集しているのです。

また、とてつもないアイデアが突然ひらめくようなこともあります。それは偶然やラッキーではありません。脳が問いかけに対して答えを出した瞬間なのです。人間の集中力というのは、まるで超能力のようなのです。

付け加えるならば、お金も貯めておくことが大切です。

お金はあるほうが便利です。お金は人に〝贅沢をさせる〟ものではありません。それよりも、〝人を自由にする〟のがお金というものです。逆に言えば、お金がなければ、人は不自由になるしかありません。生活のためにアクセク働き続けることになります。年をとるほど、そのことを身近に感じるようになります。

例えば、介護を必要とする肉親の面倒も、自分たちだけで見るのは大変です。介護離職によって貧乏のどん底に落ちる、介護ストレスが高じて家族仲が悪くなるようなことも発生します。

しかしお金があれば、有能なプロの介護者にヘルプしてもらうことで負担はだいぶ軽くなる。親の介護というくび木にがんじがらめにされることなく、そこからいくらでも自由になるのです。新しく仕事を始めたり、起業するにも資金が必要です。

しかし、忘れないでください。第二の人生の起業は、若い頃に起業するような事業とは違います。自己実現を目標とするチャレンジなのです。

無理をせず、できるだけ多くの資金を確保するように努力すること。お金はいくらあってもいい。あればあるほどいいけれど、あまりなくてもそれなりに楽しめるというのが、青・壮年期とは違う六十代からのライフステージなのです。

さてそれでは、いつ頃から六十代からの人生の全体構想をつくり、準備を始めればいいのでしょうか。

その答えははっきりしています。「今から」です。この本を手にしたということがもう、あなたの無意識がそろそろ準備しなければならないと思っている証拠です。

いつかやろう、そのうちやろうでは決して前に進みません。六十代の人生計画で否定的な前提条件のひとつが「残りわずかな時間」です。決めれば、必ず前に進めます。

28

動機が純粋になるから気づけることがある

自分がこれからなりたいイメージがなかなか思い浮かばない、やりたいことがない、という人もいらっしゃるでしょう。六十代からの生き方の構想を浮かび上がらせるためには、これまでの人生を振り返ってみることがヒントになります。

私たちの生き方は、その人が何を考えて時間を過ごしているのかが大きく関係しています。これまでの人生を振り返ることで、これからの人生を考えることができます。

・周囲の人に感謝している人生を送っているのか、それとも恩を仇《あだ》で返すようなことをしているか。

・周囲の人に喜ばれる人生を送っているのか、それとも他人から後ろ指を指されるようなことをしているか。

自分自身がこれまで何を良しとしてきたのか……。人生を思い返すといろいろなことに気づけます。

この気づきがこれから先の第二の人生に大きく関係していきます。

若いときは、儲けたい、出世したい、モテたい、目立ちたい、認められたいなど、自己中心的なものの考え方だったときもあるでしょう。

しかし、そのような欲があったからこそ、ここまでの人生を歩いてくることができたのです。人として、成長してこれたのです。

ここまでお話ししてきたように、人生の後半にさしかかると、動機が自分のためではなく、人さまや社会への恩返しという利他の心が強くなります。

すると、動機が純粋になり、「残された命をかけて何かをしよう」と考えるようになります。

それが、あなたの六十代からの生き方のテーマにつながっていくはずです。

あなたの心の目は
今、何を見ていますか

29

「やらない不幸」と「やった幸せ」

日本人の人生観を形づくったもののひとつに、孔子の『論語』があります。ご存じのように紀元前五世紀頃の中国の思想家の言行録です。

そのなかに、有名な言葉があります。「子曰く、吾《われ》十有五にして學に志《こころざ》す。三十にして立つ。四十にして惑はず。五十にして天命を知る」という有名な一節です。

この言葉を人生の節目に思い出し、反省したり、己を奮い立たせたことのある人も少なくないと思います。この一節の後に、六十歳、七十歳についての文が続きます。

六十にして耳順《みみしたが》う。
七十にして心の欲する所に従へども、矩《のり》を踰《こ》えず。

（「爲政第二　20」『論語』吉田賢抗著、明治書院（新釈漢文大系Ⅰ））

すなわち「私も六十歳になって、ようやく周りの人の意見を素直に受け入れられるようになった。さらに、いくら自分の思うままに振る舞っても、世の中のルールから外れなくなったのは七十歳を過ぎてからだった」と孔子は言っているのです。

分かりやすく言えば、「六十歳の還暦になったら、自分の欲望を追いかけるのに汲《きゅう》汲《きゅう》としたり、やたらと自己主張したりすることは、もうやめておけ。周りに合わせて暮らすことを学びなさい」ということになるでしょう。

孔子は、五十歳くらいになると自分がこの世に生まれた天命を知り、七十歳になる頃には、心のままに振る舞うと、それが道理にかなっているようになり、しかも楽しくて仕方ない、と言ったのです。

今の時代では、六十歳になり還暦を過ぎても天命を知らない人が多くいます。考えてもいないという人もいるようです。しかし、まだまだ命の時間が残されていると安心しているうちに、いつの間にか人生の大切な時間を失ってしまうのです。

時間とは命です。自分だけに与えられた時間、自分だけに与えられた命をどう使うか、それを真剣に考えたら、命に代えてもやりたいことが見えてくるのです。

これが、**「命の約束」**です。自分の命を使ってどう生きるかという覚悟なのです。

若い人が「命に代えてもやる！」などと言っても、ホンネのところでは命が大切なのです。しかし六十代になったら違います。人生の残り時間を思い、人生の儚《はかな》さのようなものがいやでも理解できる年代です。だから、心の底からホンネで「命に代えてもやる」ということが言えるのです。

人生には挫折《ざせつ》があります。二十代、三十代、四十代、五十代で乗り越えてきた挫折は、六十代で「命の約束」をするための準備だった、そう考えることができるのです。

人生とは登山にたとえることができます。二十代、三十代、四十代、五十代は山頂に立つために懸命に山道を登ってきました。遭難したり滑落もせずに、ここまで登ってこれたのです。

多くの苦しみや悲しみを乗り越えて、ようやくたどり着いた山頂では、最高の景色、最高の感動、最高の達成感と満足感を味わえます。山頂を堪能したら、すがすがしい気持ちで人生を下山していけます。

下山すると、一山越えた人にしか見えない新しい景色が広がっています。次の山が見えてくるのです。

実は、ここに新しいスタートがあります。

多くの人はひとつ目の山を下山したら、次の山に登ろうとはしません。

「もう年だ」「疲れた」「体力がない」「チャレンジするような年じゃない」「人生こんなもの」などと言って、次の山が見えているのに動こうとしないのです。たとえ挑戦しても、途中でやめてしまう人が実に多いのです。

人間には「やらない不幸」と「やった幸せ」というものがあります。挑戦しなければ失敗もありませんから安全です。

しかし、**死の間際で後悔するのは「やって失敗した」ことではなく「やらなかったこと」**なのです。

「いい人生だった」と思うのか、それとも「自分の人生は何だったんだろう」と思うのか。後悔しない人生を選ぶなら、「やった幸せ」の道を歩くべきです。

あなたの周りを見てください。七十歳、八十歳でも新しいチャレンジをして生き生きしている人と、まだ六十歳にもなっていないのに燃え尽きて惰性で生きている人がいるのではないでしょうか。

その違いはどこにあるのか――。それは、「命の約束」をしているかどうかということなのです。

さあ、新しい扉を開こう

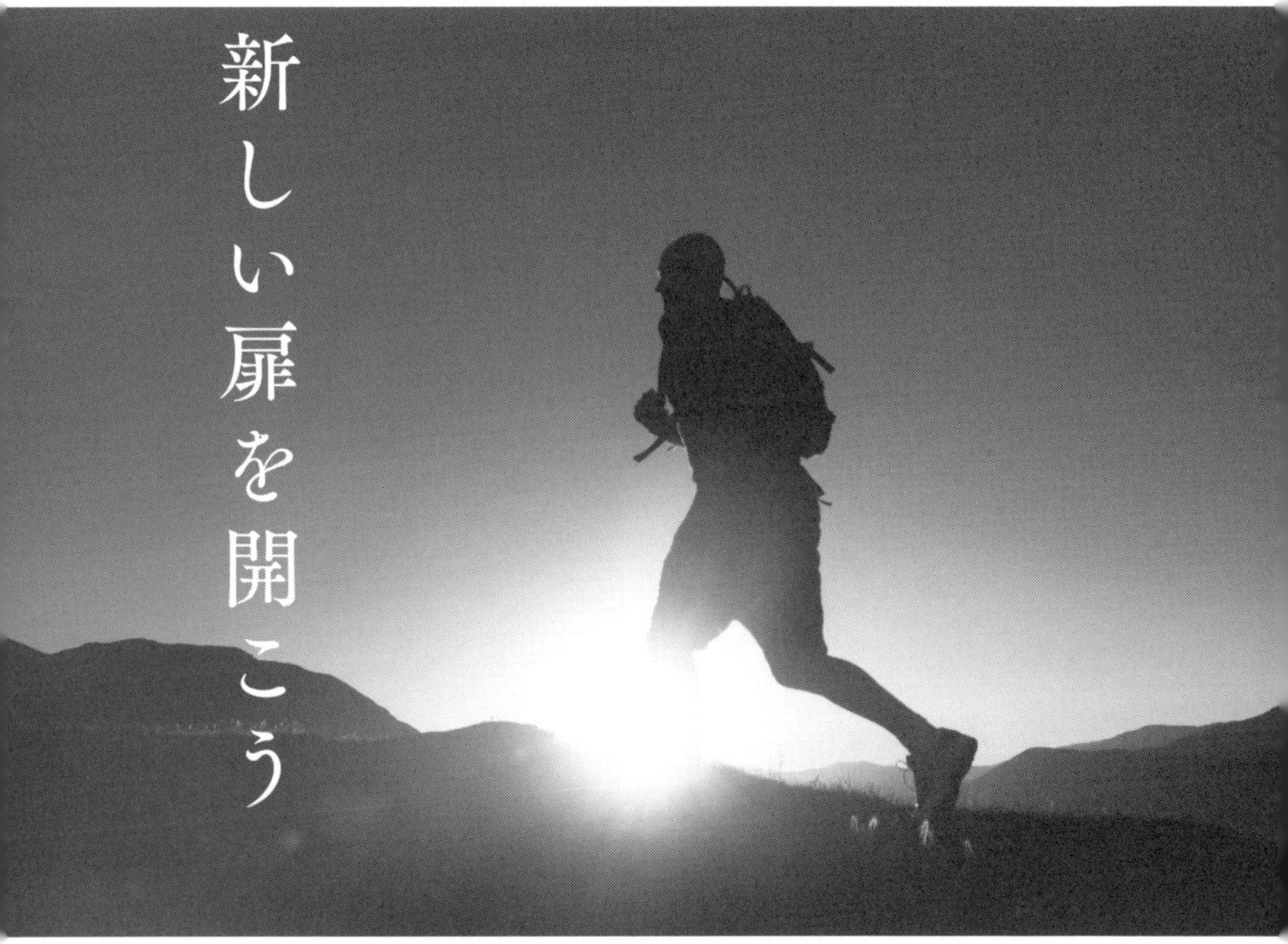

30

あなたは
この世に
何を遺《のこ》すのか

六十歳を前にして、私は「死」について真剣に考えました。私の父も母も六十九歳で亡くなっています。その影響も多分にあったでしょう。七十歳までは生きられないだろうとの思いがありました。五十代になったとき、本気で自分の「死」に思いを巡らせるようになったのです。

そのとき私の心に浮かんだのが、「この世に何を遺《のこ》せるか」という自問でした。私が死んだあとに何を遺せるか。死んで、ただ忘れられてしまうのでは淋しい。生きた証しとして何かを遺したい――。

勉強会や講演会でもそんな話をしました。「トラは死して皮を留《とど》め人は死して名を残す」というけれど、あなたはいったい何を遺したいか、と。人間は、後に遺すものによって、歩んできた人生の意義が分かるのです。

すると、それを聞いたある人が教えてくれました。昔、まったく同じことを人びとに問いかけた有名な日本人がいたというのです。

私は何かこの地球にＭｅｍｅｎｔｏを置いて逝《ゆ》きたい、私がこの地球を愛した証拠を置いて逝きたい、私が同胞を愛した記念碑を置いて逝きたい。

（内村鑑三『後世への最大遺物』）

内村鑑三《うちむらかんぞう》は明治を代表する思想家であり、キリスト教徒であり、同時に社会運動家です。『後世への最大遺物』は、明治二十七年（一八九四年）にキリスト教徒夏期学校で行われた内村の講和を記録したものです。Ｍｅｍｅｎｔｏとは記憶です。内村はそこで、天文学者ハーシェルの業績を紹介しながらこう続けます。

われわれもハーシェルと同じに互いにみな希望Ａｍｂｉｔｉｏｎ《アムビシヨン》を遂《と》げとうはございませぬか。われわれが死ぬまでにはこの世の中を少しなりとも善くして死にたいではありませんか。何かひとつの事業を成し遂げて、できるならばわれわれの生まれたときよりもこの日本を少しなりともよくして逝きたいではありませんか。

（内村鑑三『後世への最大遺物』）

そして内村は、そのために私たちが後世に遺せるもの（遺物）は何なのかと問いかけます。彼が出した答えはこうでした。

私たちが遺せるのは、第一に「金」である。家族のため、子孫のため、あるいは社会のためにお金を遺す人がいます。

第二は「事業」です。内村は江戸時代の篤農家二宮尊徳の例を挙げていますが、今日でいえばボランティアやＮＰＯ活動でしょうか。さらに企業活動自体が雇用を生み出し、社会を活性化し、発展させるものであると考えれば、会社もまた日本を良くするための事業に違いありません。

第三は「思想（考え方）」であり、それを広める手段としての表現や教育です。

しかしそのどれも遺せない人がいます。いや、大多数の人はそうでしょう。

でも心配する必要などありません。

「誰でも後世に遺すことのできる遺物がある」と内村は言います。それが「勇ましい高尚なる生涯」です。

私なりに解釈すれば、自分の生きる道に自信を持ち、堂々と生き抜くという、それこそ誰にでも可能な遺物であり、最大の遺物であるということです。残された家族や親しい人々は、皆さんのそういう生き方の記憶をいつまでも持ち、それに励まされ、それを誇りに思うでしょう。

具体的にどういう人生の記憶を遺したらいいか。

それは皆さんが自分自身で考えてください。それを考えるためのヒントを本書ではいくつも書いてきたつもりです。

内村鑑三にならって、それを挙げてみましょう。

・金、財産
・事業
・社会貢献
・表現（音楽、絵画、文学作品などの趣味、芸術）
・後進の教育や指導

・一人ひとりの人生に現われる勇気、優しさ、思いやり
・最後まで自分が一生懸命に生きる姿

六十歳になろうが七十歳になろうが、私たちは自分の人生から引退することはできません。

その人生を「遺物」として、より価値のあるものにする義務を、私たちは人生最後の務めとして負っていると言っていい、私はこう思うのです。

皆さんに、最後にひとつ質問しましょう。

「あなたはこの世に何を遺しますか？」

この質問に答えていただくことが、あなたの六十代からを輝かせてくれるはずです。

あとがき――「ウソの人生」は捨てて、大胆に生きよう

六十代からを充実させるために、一番やっておかなければならないこと。それは、今を生きるということです。今この瞬間を味わい尽くすということです。一日一日が重要になるという意識が大切です。

六十代は、人生が最も充実する時期です。

経験知も経験値もピークにあり、お金や人脈だっておそらくこれまでで一番豊富でしょう。若いときに比べれば体力こそ低下しますが、まだまだ健康であり、脳科学のさまざまな実験が示すように、脳の機能はさらに成長しようとしています。

そういう最高のコンディションであなたは、「競争」や「成功」「優越」「優位」といった

社会的な価値から解放され、本当に自分のやりたいことを追求できるのです。

これまでの六十年は、すべて六十代からを充実させるためにあったのではないか。そんなふうにさえ思えるほどです。いや、間違いなく六十代からが人生の黄金期であり、それまでの努力や苦労がもたらした実りを収穫するときです。

今日の競争社会は、四十代半ばを過ぎた人間に次第に厳しくなっています。いよいよ過酷になってきました。ベテラン受難の時代と言えるかもしれません。

会社に縛られたくないという人は多いですが、これからは縛ってくれる会社も少なくなっていくはずです。ですから大きな困難に直面している人もきっと多いでしょう。だからこそ、今あなたのステージがどんなに不本意なものであっても、全力で生きていただきたいのです。

仏教では「十界《じっかい》」という階層があります。「迷えるものと悟れるものとのすべての境地を一〇種に分類したもの」(『岩波　仏教辞典』)とされています。

すなわち「地獄界、餓鬼《がき》界、畜生《ちくしょう》界、阿修羅《あしゅら》界、人間界、天上《てんじょう》界、声聞《しょうもん》界、縁覚《えんがく》界、菩薩《ぼさつ》界、仏《ぶつ》界」です。

【仏教の十界】

地獄界――悪業を積んだ者が堕《お》ちるところ

餓鬼界――貪《むさぼ》る行為や物惜しみした人が赴くところ

畜生界――本能のままに行動する人、愚痴や不平不満が多く感謝のない人が行くところ

阿修羅界――闘争を繰り返す人が行くところ

人間界――平常心で暮らしていけるが、欲のある現実の世界

天上界――喜びにあふれたところ

声聞界――悟りを開こうと教えを学ぶ人の行くところ

縁覚界――自ら悟りを開こうとする人の行くところ

菩薩界――悟りの真理を伝えて現実社会の浄土化に努める人のいくところ

仏　界――真理を悟った人のいくところ

美術館やお寺などで「十界図」をご覧になったことはないでしょうか。「心」の字を中心にして、上に天上界、下に地獄、左右に餓鬼、畜生、阿修羅、人間などが描かれています。地獄では鬼の責め苦に悶《もだ》え苦しむ人たちがいたりします。天上は美しく清らかです。心のあり方によって、どこに行けるかが決まるというのです。

仏教でいう「十界」は、人の心の一〇段階でもあります。果たして今、皆さんはどのレベルで生きておられるでしょうか。また、どのレベルに向かっておられるでしょうか。

生物のなかで、感謝や恩を感じることができるのは、人間だけです。

お話ししてきたように、善も悪も、優越感も劣等感も、「まだ若い」も「もう老けた」も、すべては脳の産物です。自分の精神状態を天国のようにするのも地獄のような状態にしてしまうのも自分の脳なのです。心を平静に保ち、世のため、人のために働き、幸せで美しい精神状態をつくるのも自分の脳です。すべては脳なのです。ぜひ、このことを覚えておいてください。

この世に生まれてきた人は皆、運を持っているといっていいのです。非科学的に感じる人もいるかもしれませんが、赤ん坊が生まれるということ自体、奇跡に近いのです。強運がなければ生まれてこないものだと私は思います。

皆、何かを成し遂げるために、この世に生まれてきたのです。

私たちは、生まれるときも死ぬときも、自分の努力でその時期を設定することはできません。

人はいつか寿命が尽きて死んでゆきます。

そのときに「ああ、面白い一生だった」と満足して死ねるのなら、最高ではないでしょうか。

死が、また死の向こうに存在するものが何であるかは分かりません。

ただ、人生を心ゆくまで楽しみ満ち足りたら、その先にある老いや死の境も、きっと越えやすいものになるでしょう。

皆さんがご自分の力を発揮して幸せな人生をつくることは、あなた一人だけの幸せではありません。

あなたの人生が、日本に、いや、人類の繁栄につながることを、ぜひ覚えておいていただきたいのです。

そのために必要なわずかな勇気を皆さんが惜しまないことを願っています。

二〇一七年五月五日

西田文郎

資料参考文献

- 吉田賢抗『論語』(新釈漢文大系第1巻)明治書院、昭和三十五年
- 西田文郎『錯覚の法則　成功者は脳をあっさりその気にさせる』大和書房、二〇一五年
- 西田文郎『NO．1理論』現代書林、一九九七年
- 西田文郎『面白いほど成功するツキの大原則』現代書林、二〇〇一年
- 西田文郎『ツキを超える成功力』現代書林、二〇〇六年
- 西田文郎『NO．1メンタルトレーニング』現代書林、二〇一〇年
- 西田文郎『かもの法則』現代書林、二〇〇九年
- 西田文郎『天運の法則』現代書林、二〇一七年
- 内村鑑三『後世への最大遺物』青空文庫
  http://www.aozora.gr.jp/cards/000034/files/519_43561.html
- 日刊スポーツウェブサイト「蜷川幸雄氏、吸入器に車いすで怪気炎『稽古は全開』」［2015年3月30日紙面から］http://www.nikkansports.com/entertainment/news/1454114.html

●さいたまゴールド・シアターウェブサイト　http://www.saf.or.jp/gold_theater/index.html

●蜷川幸雄ウェブサイト　http://www.my-pro.co.jp/ninagawa/

●平成27年簡易生命表の概況／厚生労働省ウェブサイト
http://www.mhlw.go.jp/toukei/saikin/hw/life/life15/

●伊能忠敬記念館／名所・香取市ウェブサイト：香取市観光サイト
http://www.city.katori.lg.jp/sightseeing/museum/

●「カーネル百科」／ケンタッキーフライドチキンウェブサイト
http://www.kfc.co.jp/community/colonel/history.html

●「高齢者の定義と区分に関する、日本老年学会・日本老年医学会　高齢者に関する定義検討ワーキンググループからの提言（概要）」／一般社団法人日本老年医学会ウェブサイト　https://www.jpn-geriat-soc.or.jp/proposal/pdf/definition_01.pdf

●「加藤浩次の本気対談！コージ魂!!」ＢＳ日テレ（２０１５年２月８日放送）

●ミウラ・ドルフィンズウェブサイト「ＭＩＵＲＡ　ＥＶＥＲＥＳＴ　２０１３」
http://miura-everest2013.com/

西田文郎 にしだ ふみお

株式会社サンリ 会長
西田塾 塾長
西田会 会長
天運の会 会長
JADA日本能力開発分析協会 会長

1949年生まれ。

日本におけるイメージトレーニング研究・指導のパイオニア。

1970年代から科学的なメンタルトレーニングの研究を始め、大脳生理学と心理学を利用して脳の機能にアプローチする画期的なノウハウ「スーパーブレイントレーニングシステム(SBT)」を構築。国内のスポーツ、ビジネス、受験、その他多くの分野に、科学的、実践的なメンタルマネジメントの導入を行い、絶大な成果をあげる。

この「SBT」は、誰が行っても意欲的になってしまうとともに、指導を受けている組織や個人に大変革が起こって、生産性が飛躍的に向上するため、自身も『能力開発の魔術師』と言われている。

なかでも経営者向けの勉強会として開催している「西田塾」は、毎回キャンセル待ちが出るほど入塾希望者が殺到、門下生は数千人に上る。

また、通信教育を基本として「ブレイントレーニング」をより深く学んで実践できる「西田会」を開設、〝幸せに生きるための上手な脳の使い方〞を伝える活動に力を注いでいる。

●関連サイト
西田文郎 公式ウェブサイト　http://nishida-fumio.com/
西田文郎 Facebook　https://www.facebook.com/nishidafumio.sanri/
西田文郎の心学塾ブログ　http://blog.nishida-fumio.com/
西田文郎 Twitterアカウント　@nishidafumio
株式会社サンリ ウェブサイト　http://www.sanri.co.jp/

西田文郎の主要著書

『No.1理論』『面白いほど成功するツキの大原則』『人生の目的が見つかる魔法の杖』『ツキを超える成功力』『10人の法則』『かもの法則』『No.1メンタルトレーニング』『No.1営業力』『No.1リーダーを支える英断の言葉』『No.2理論』『天運の法則』(西田文郎著)
『痩せるNo.1理論』『ビジネスNo.1理論』(西田一見著/西田文郎監修)
(以上、現代書林)

『強運の法則』『人望の法則』
(以上、日本経営合理化協会出版局)

『ツキの最強法則』『8つの実話が教えてくれた「最幸の法則」』『その気の法則』
(以上、ダイヤモンド社)

『仕方ない理論』『ウラ目の法則』『他喜力』『ツバメの法則』
(以上、徳間書店)

『錯覚の法則』『成功したけりゃ、脳に「一流のウソ」を語れ』
(以上、大和書房)

『エジソン脳をつくる「脳活」読書術』(エンターブレイン)
『驚きの最強思考「赤ちゃん脳」』(ワニブックス)
『人生を決める3つの約束』(イースト・プレス)など多数ある。

[関連作品]
オーディオCDブック『出会いの成幸法則』　西田文郎/聞き手:清水克衛
(現代書林)

2017年6月24日現在

はやく六十歳《ろくじゅっさい》になりなさい
後悔《こうかい》しないラストチャンスの生《い》かし方《かた》

2017年9月5日　初版第1刷

著　者――――――西田文郎《にしだふみお》
発行者――――――坂本桂一
発行所――――――現代書林
〒162-0053　東京都新宿区原町3-61　桂ビル
TEL／代表　03(3205)8384
振替00140-7-42905
http://www.gendaishorin.co.jp/

ブックデザイン――――吉崎広明（ベルソグラフィック）
装丁使用写真――――themorningglory/Shutterstock.com（表1）
djgis/Shutterstock.com（表4）
本文使用写真――――PIXTA（章扉、p.39、p.68-69、p.99、p.147、p.192-193）、themorningglory/Shutterstock.com（p.57）、Jacob Lund/Shutterstock.com（p.63）、Rawpixel.com/Shutterstock.com（p.112-113、p.133、p.199）

印刷・製本　広研印刷㈱
定価はカバーに表示してあります。
万一、落丁・乱丁のある場合は購入書店名を明記の上、小社営業部までお送りください。送料は小社負担でお取り替え致します。
この本に関するご意見・ご感想をメールでお寄せいただく場合は、info@gendaishorin.co.jp まで。

ISBN978-4-7745-1654-7 C0095